KB273422

STEP UP SPORTS

감수 · 명지대 이우룡 감독

실전 테니스

TENNIS

삼호미디어
samho MEDIA

머 리 말

실력 향상의 첫걸음은 두뇌 플레이!

테크닉과 그 활용 훈련으로 승리할 수 있는 테니스를 설명

이 책을 읽을 독자들은 이미 어느 정도 실력을 갖췄다고 생각한다. 실력이 향상되면 이기는 일에 흥미를 갖게 된다.

테니스는 성별이나 연령에 관계 없이 정해진 코트에서 정해진 룰로 경기를 진행하는 스포츠이다. 그리고 핸디캡을 극복함으로써 이길 수 있는 스포츠이기도 하다. 핸디캡을 극복하는 방법은 여러 가지인데, 그것은 테크닉일 수도 있고 전략일 수도 있다. 자기 자신의 핸디캡을 어떻게 극복할 것인가 하는 점은 이 책을 읽으면서 여러분들 자신이 생각해 보기로 하고, 가장 중요한 점은 머리를 쓰는, 다시 말해서 두뇌 플레이를 해야 한다는 것이다.

이 책은 세계 일류 선수들의 경기를 관전하거나, 함께 연습했던 경험을 통해서 습득한 내용을 종합한 것이다. 두뇌 플레이를 해야 한다는 점에서 단순히 기술을 해설하는 데 국한하지 않고, 시합 중에 발생할 수 있는 다양한 상황을 상정한 훈련으로 어떤 기술을 구사해야 할 것인가 하는 점에 중점을 두었다. 동시에 세계 일류 선수들로부터 배울 점도 설명해 두었다.

톱 스핀이 주류인 요즘 테니스에서는 올라운드 플레이를 요구하고 있다. 이 책에서 소개한 각 샷(shot)의 활용 방법이나 전략이 테니스를 즐기는 데 도움이 되고, 중급 이상의 높은 수준을 목표로 하는 분들께 좋은 참고가 되었으면 한다.

감 수 글

테니스의 진정한 매력은 게임을 하지 않으면 맛보지 못 한다. 게임을 함으로써 '더 높은 수준의 기술을 익히고 싶다', '여러 가지 다양한 샷을 구사해 보고 싶다' 라는 의욕이 생기는 것이다.

이 책은 종전의 테니스 관련 책과는 달리 기본적인 상식에서부터 고도의 기술과 훈련 방법으로 테니스 실력을 향상시킬 수 있게 쓰여졌다. 기본 기술로 시작해서 게임을 위한 테크닉, 시합에서의 전술과 처음으로 라켓을 잡은 사람이 최종적으로 경기 출장을 목표로 할 수 있게 구성되어 있다.

현대의 스포츠계에서는 토탈 트레이닝이 주류가 되고 있다. 테니스에 있어서도 기술적인 측면의 연습만으로는 실력 향상을 기대할 수 없다. 심리 트레이닝과 약점을 극복하는 트레이닝, 부상 방지로 연결되는 스트레칭, 영향 섭취 등 실력 향상의 발판이 되는 몸과 마음을 만드는 데 필요한 모든 것을 다루고 있어 전문 선수들에게도 큰 도움이 되리라 생각한다.

그림을 통해 쉽게 이해할 수 있어 각자의 테니스 발전에 도움을 줄 것이고, 경기력 뿐만 아니라 테니스에 대한 전반적인 상식도 얻을 수 있을 것이다.

명지대 감독 이우동

이 책의 특징

1 각 샷의 포인트를 그림으로 설명

연속 그림으로 각 샷의 움직임을 한눈에 알 수 있다.

2 일류 선수의 테크닉에 대한 해설

일류 선수의 테크닉 포인트나 플레이 스타일을 그림을 통해 알기 쉽게 익힐 수 있다.

3 훈련 내용을 그림으로 설명한 실천적인 해설

각각의 상황이나 전략에 맞춰 실제로 게임에 임할 때 어떤 테크닉을 활용하면 되는지 알 수 있다.

4 게임에 영향을 주는 모든 요소에 대한 해설

환경적인 요소에서부터 심리적인 요소에 이르기까지의 모든 상황을 총망라.

5 신체 단련에 대한 해설

웨이트 트레이닝이나 스트레칭을 한눈에 파악할 수 있다.

차   례

Part 1

기본편

part 2
실력 향상편

코트 & 네트

10.97m
8.23m
센터 마크
센터 서비스 라인
23.77m
0.914m
네트 포스트
어드밴티지 사이드
듀스 사이드
6.40m
사이드 라인
서비스 라인
백 코트
베이스 라인

9.91m(싱글)·12.65m(더블)
1.07m
0.914m
1.07
포스트 네트
센터 스트랩
네트

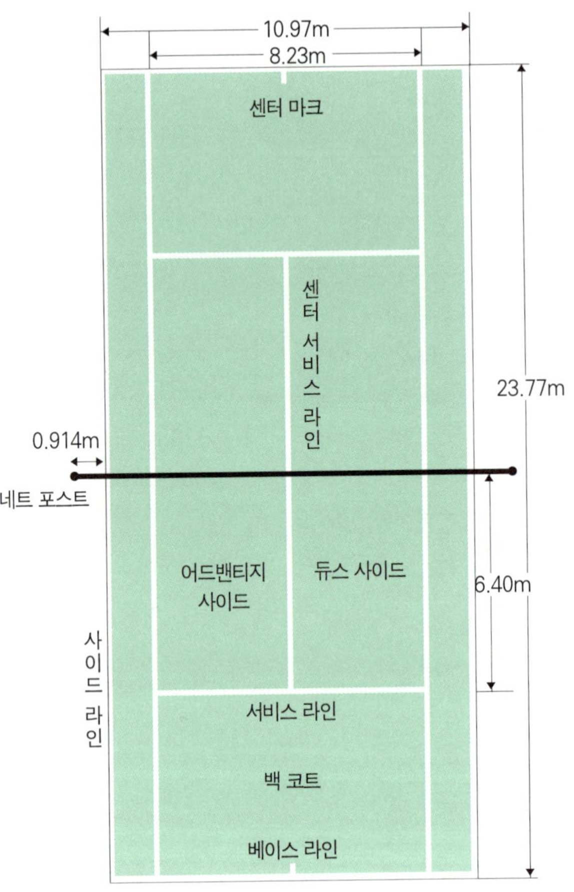

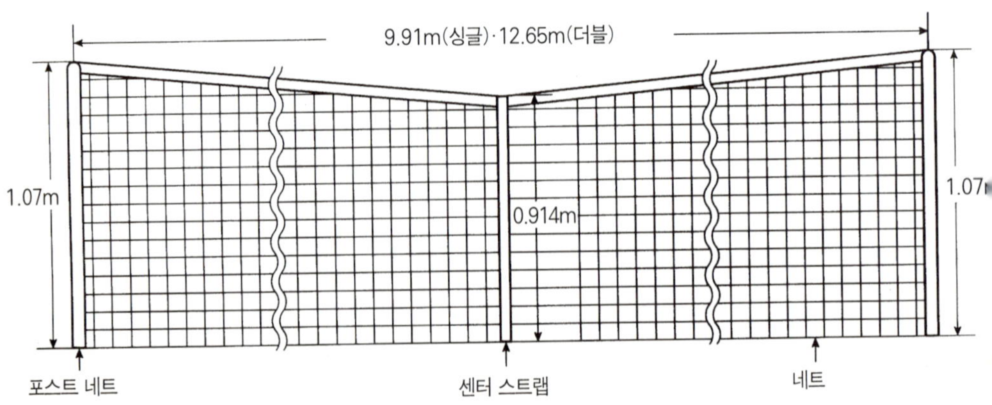

심판

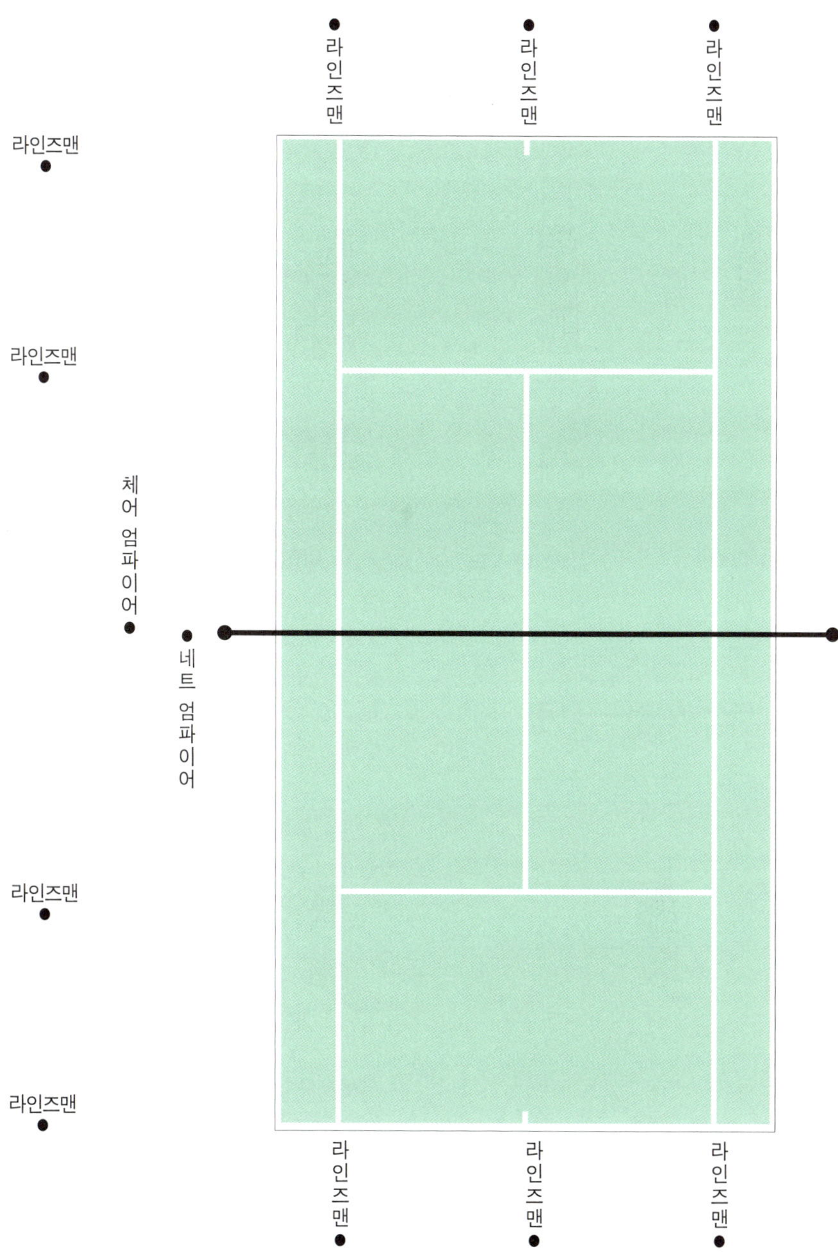

그립

한 손 타법/포핸드 그립

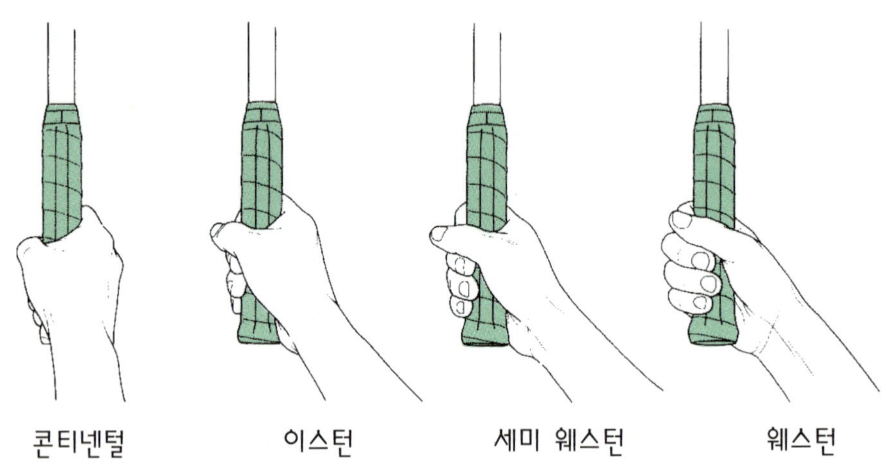

콘티넨털   이스턴   세미 웨스턴   웨스턴

한 손 타법/백핸드 그립

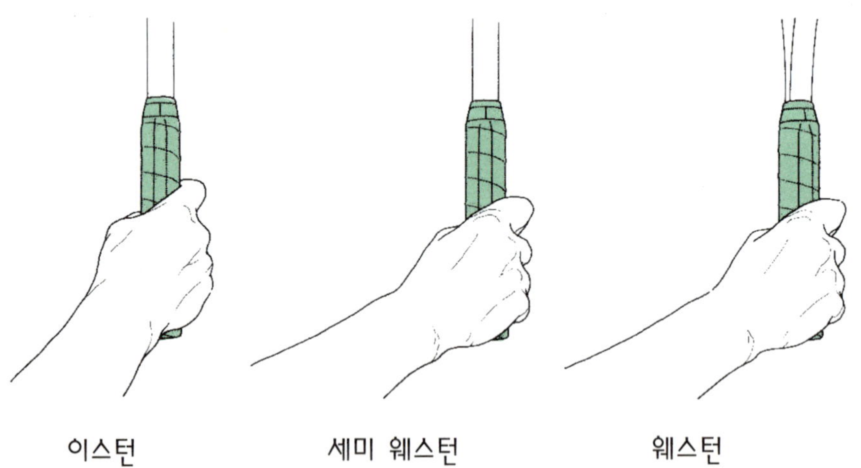

이스턴   세미 웨스턴   웨스턴

양 손 타법/포핸드 그립

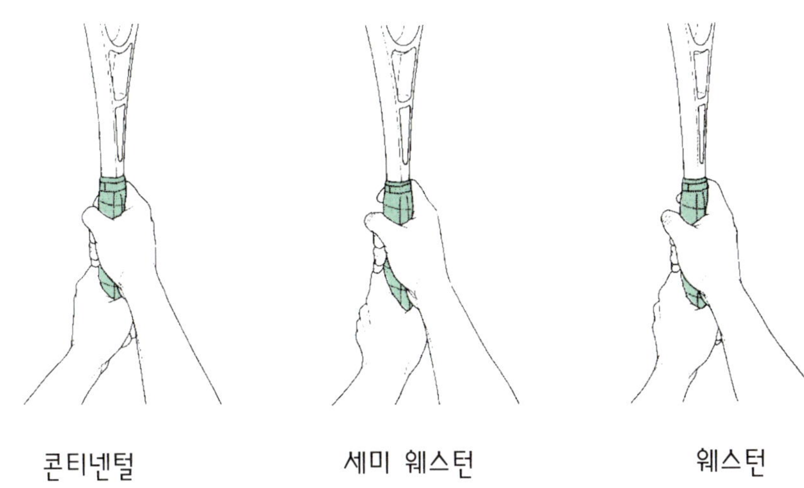

콘티넨털
세미 웨스턴
웨스턴

양 손 타법/백핸드 그립

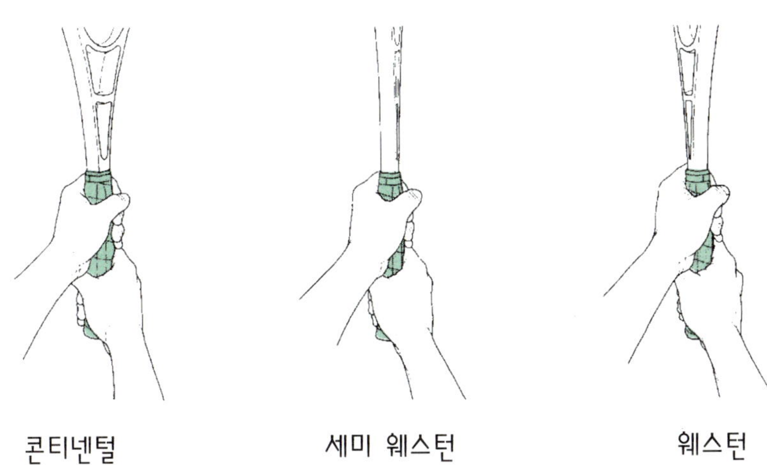

콘티넨털
세미 웨스턴
웨스턴

스탠스

스탠스에는 오픈과 클로스 스탠스가 있다. 톱 스핀을 구사할 때에는 오픈 스탠스가 바람직하고,
클로스 스탠스는 플랫 볼에 적당하다. 볼을 컨트롤하는 데 중요한 역할을 하기 때문에 올바른 스
탠스를 몸에 익혀 두어야 한다.

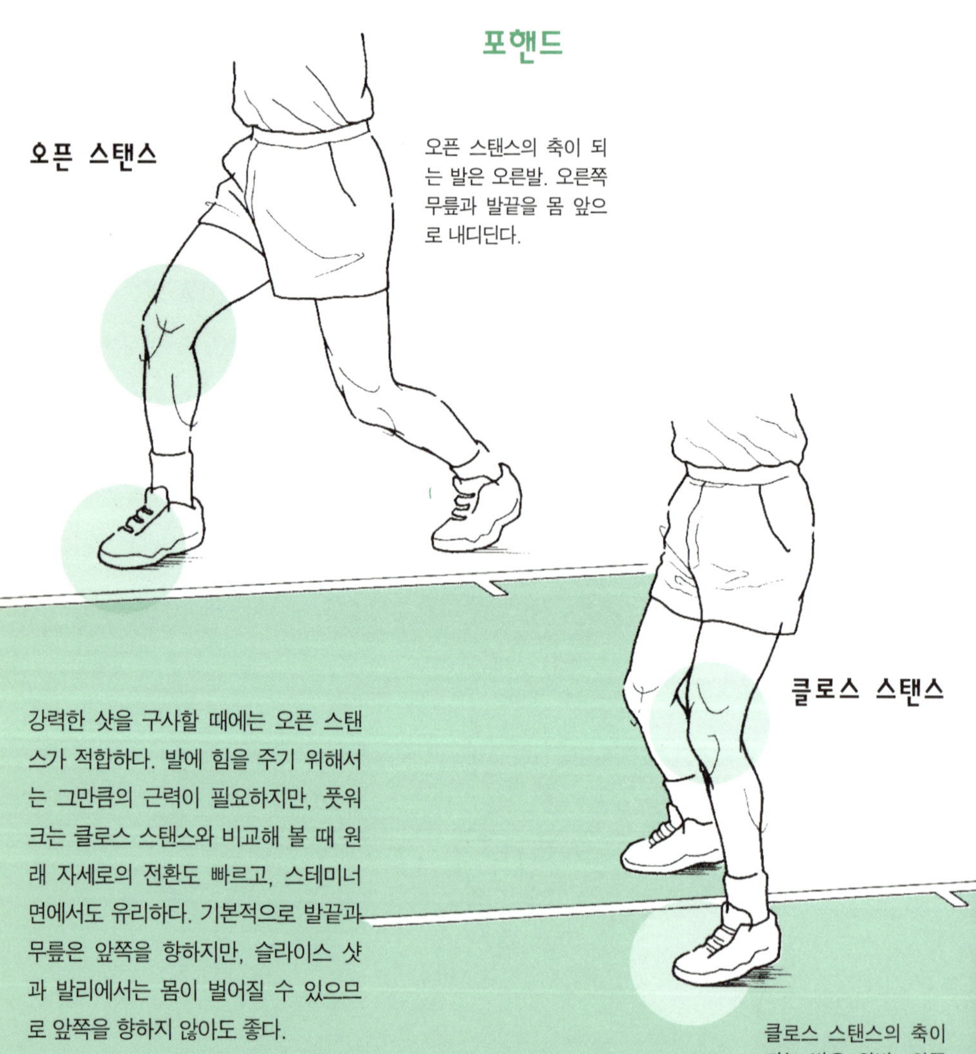

강력한 샷을 구사할 때에는 오픈 스탠
스가 적합하다. 발에 힘을 주기 위해서
는 그만큼의 근력이 필요하지만, 풋워
크는 클로스 스탠스와 비교해 볼 때 원
래 자세로의 전환도 빠르고, 스테미너
면에서도 유리하다. 기본적으로 발끝과
무릎은 앞쪽을 향하지만, 슬라이스 샷
과 발리에서는 몸이 벌어질 수 있으므
로 앞쪽을 향하지 않아도 좋다.

백핸드의 경우 신체 구조상 클로스 스
탠스가 되기 쉽기 때문에 포핸드보다는
볼을 칠 수 있는 범위가 좁아진다.
백핸드의 한 손 타법에서도 오픈 스탠
스로 처리할 수 있게 되면 볼을 처리할
수 있는 범위(리치)가 넓어지기 때문에
강력한 샷을 구사하기가 수월해진다.

백핸드

오픈 스탠스의 축이 되
는 발은 왼발. 왼쪽 무
릎, 발끝을 몸 앞으로
내디딘다.

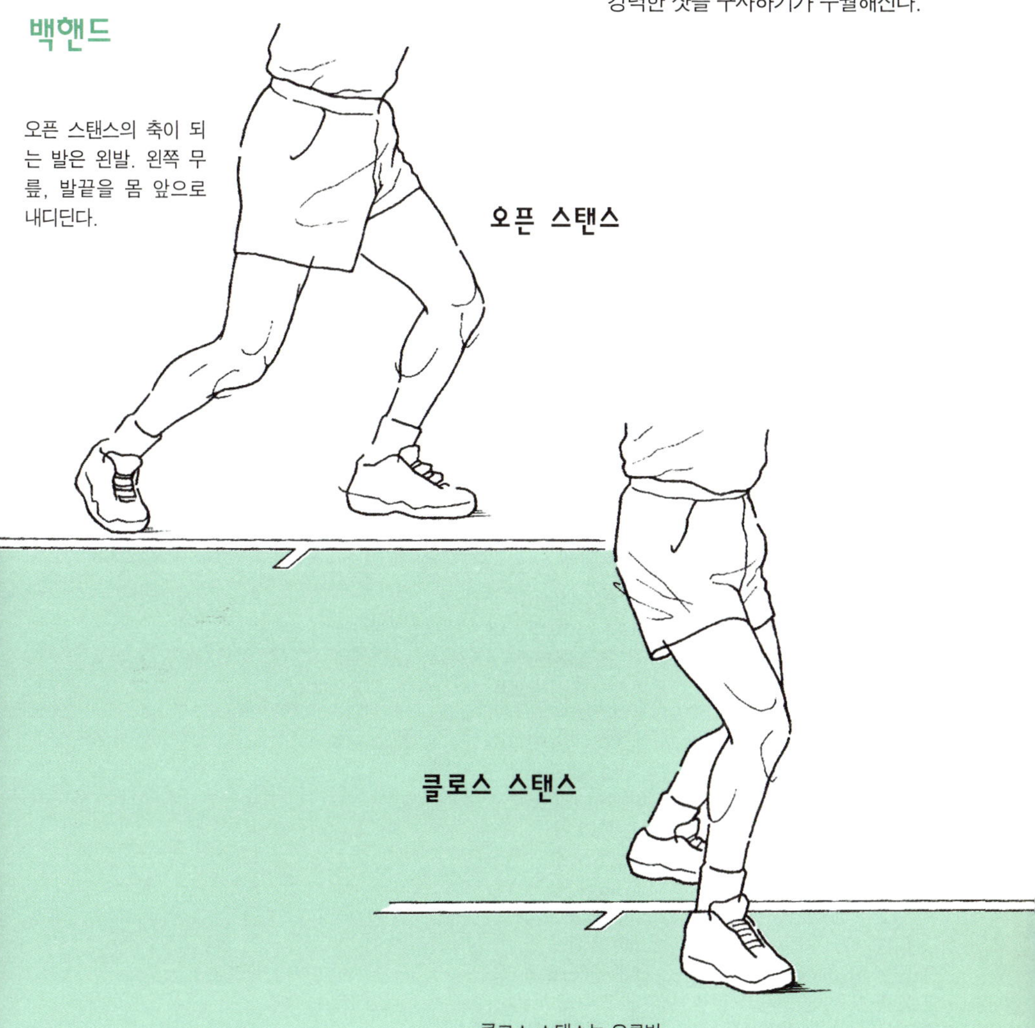

클로스 스탠스는 오른발
이 축이 된다. 오른쪽
무릎, 발끝을 몸 앞으로
내디딘다.

AUSTRALIAN OPEN SINGLES
CHAMPION 1980~1998

	〈MAN〉	〈WOMAN〉
1980	B.티처	H.만드리코바
1981	J.클리크	M.나브라틸로바
1982	J.클리크	C.E.로이드
1983	M.빌란데르	M.나브라틸로바
1984	M.빌란데르	C.E.로이드
1985	S.에드버그	M.나브라틸로바
1986	개최 없음	개최 없음
1987	S.에드버그	H.만드리코바
1988	M.빌란데르	S.그라프
1989	I.렌들	S.그라프
1990	I.렌들	S.그라프
1991	B.베커	M.셀레스
1992	J.쿠리어	M.셀레스
1993	J.쿠리어	M.셀레스
1994	P.샘프라스	S.그라프
1995	A.아가시	M.피에르스
1996	B.베커	S.그라프
1997	M.샘프라스	M.힝기스
1998	P. 코르다	M.힝기스

기본편

기본적인 샷을 재정비하는 것이 실력 향상의 첫걸음

테니스의 실력 향상을 위해서는
기본적인 샷을 제대로 마스터하는 것이 중요하다.
버릇도 개성의 일부이기는 하지만,
나쁜 버릇이 실력 향상에
장애가 되는 경우도 있다.
바른 자세로 샷을 구사하는지,
손목의 활용은 틀리지 않았는지,
목표한 지점으로 볼을 가격하고 있는지를
체크하면서 기본적인 샷을 다시 한번 정리해 두자.

한 손 타법 포핸드

몸을 크게 움직여 약동감이 넘치는 자세로 볼을 치는 것이 현재의 추세이다.
오픈 스탠스에서든 클로스 스탠스에서든 볼은 반드시 몸 앞에서 포착하는 것이 중요하다.

3
폴로스루는 라켓을 어깨
에 메듯이 휘둘러 올린다.

4
휘두른 뒤 어깨선이 네
트와 수직이 되도록 확
실히 몸을 비틀어 준다.

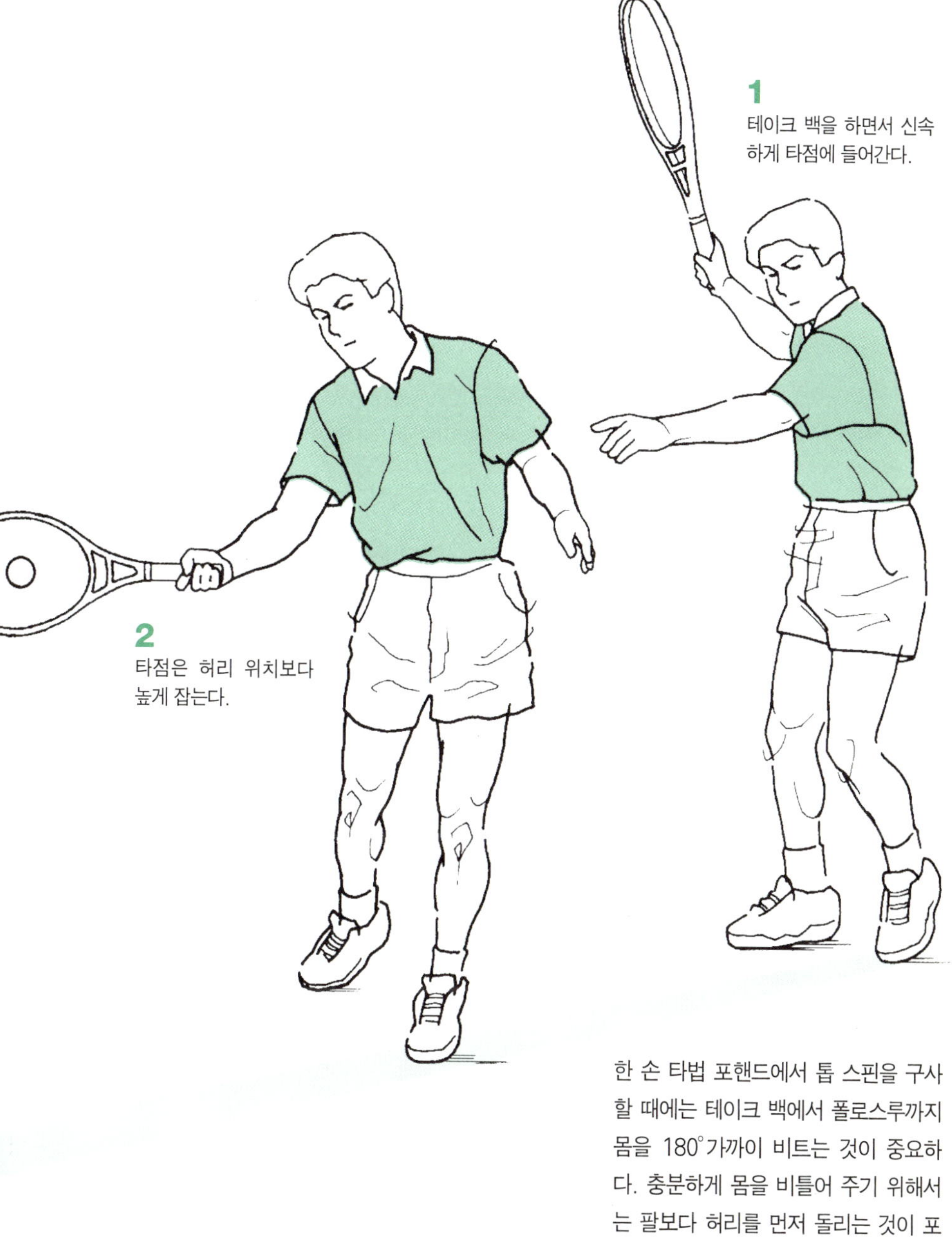

한 손 타법 포핸드에서 톱 스핀을 구사할 때에는 테이크 백에서 폴로스루까지 몸을 180°가까이 비트는 것이 중요하다. 충분하게 몸을 비틀어 주기 위해서는 팔보다 허리를 먼저 돌리는 것이 포인트이다. 높이 바운드된 볼일 경우에는 테이크 백을 할 때 라켓 헤드를 세워서 뒤로 빼면 힘이 들어가 강력한 샷을 구사하기 쉽다.

양 손 타법 포핸드

양 손 타법의 장점은 파워 플레이어와의 대전에 용이하다는 것이다.
볼에 충분한 힘을 실을 수 있고, 근력에 여력이 생기므로 필요 이상의 힘이 들어가지 않는다. 양
손 타법을 구사하는 선수는 그러한 점을 파악해 올바른 샷을 익히도록 하자.

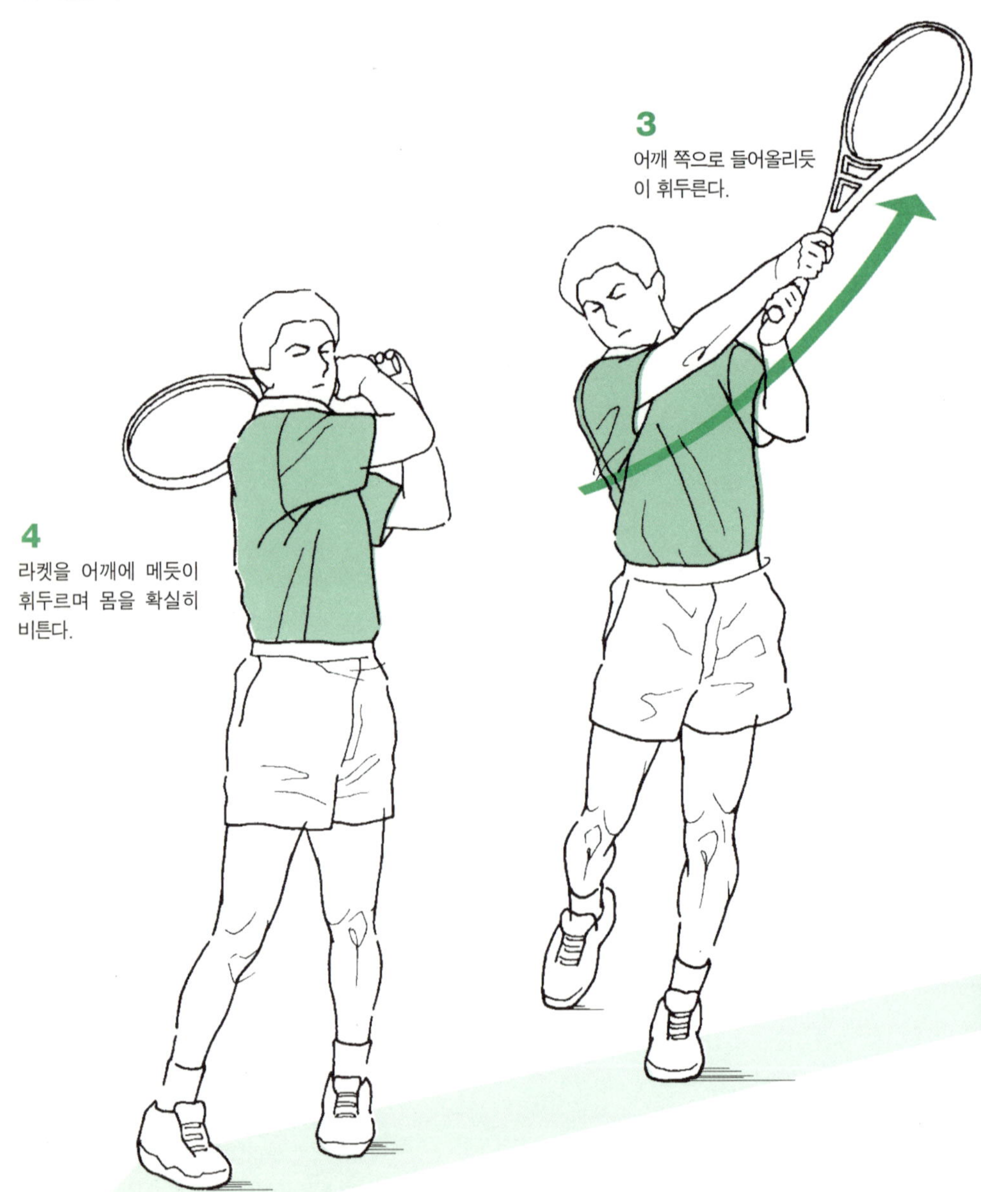

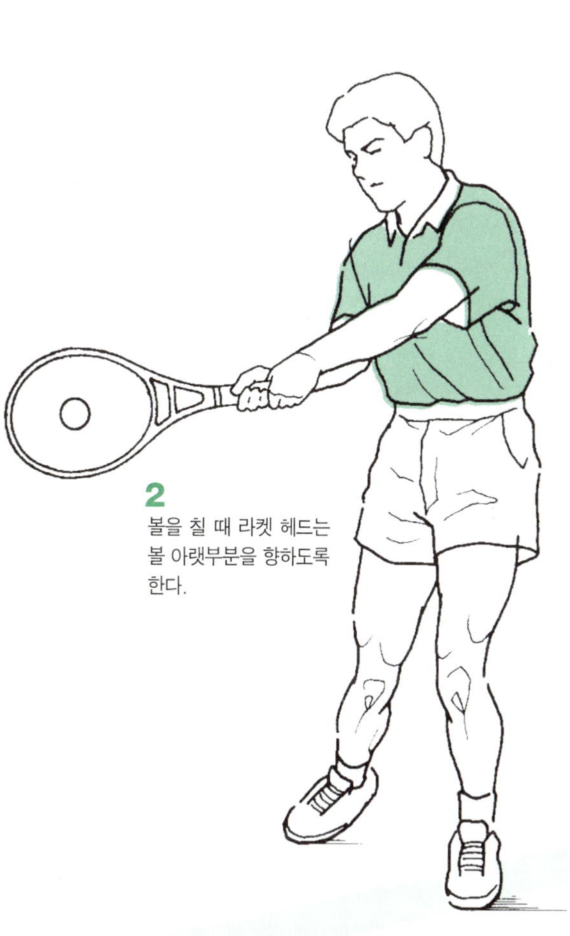

각도 있는 샷을 구사하기에 용이하고, 항상 타켓을 충분히 휘두를 수가 있어 안정감이 있다는 것이 양 손 타법의 장점이다. 테이크 백은 의식하지 않더라도 자연스럽게 왼쪽 어깨가 몸 안쪽으로 들어오기 때문에 볼을 강하게 칠 수 있는 범위가 한 손 타법보다 넓어진다. 이러한 장점은 경기 중에 심리적인 플러스 알파를 기대할 수 있게 한다.

한 손 타법 백핸드

백핸드는 한 손 타법에서도 자연스럽게 왼손을 사용하기 때문에 포핸드만큼 어깨가 몸 안쪽을 향하도록 의식할 필요는 없다. 다만, 포핸드에 비해 힘을 가하기가 쉽지 않기 때문에 볼을 처리하기는 상대적으로 어렵다. 따라서 신속한 테이크 백이 필요하다.

오른쪽 어깨를 비틀어서
테이크 백을 시작한다.

볼이 바운드되기 전에
테이크 백을 완료한다.

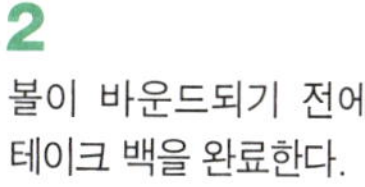

한 손 타법 백핸드로 자연스러운 톱 스
핀을 구사하기 위해서는 임팩트 직후에
라켓을 밑에서 위로 끌어올리는 것이
포인트. 어깨가 너무 빨리 벌어지면 몸
이 구부러지기 때문에 자세에 무리가
생기기 쉽다. 리스트 워크를 통해서 손
목의 긴장을 풀고 볼의 위치보다 라켓
헤드를 아래로 향하게 한 후 친다. 팔은
밑에서 위로 끌어올린다.

양 손 타법 백핸드

백핸드를 양 손으로 구사하는 선수가 늘어나고 있는 이유는
테니스가 보다 공격적인 경향으로 바뀌어 가고 있기 때문이다.
야구 경기에서 타자가 배트를 휘두르는 요령으로 그립을 잡는다는 것을 기억해 두자.

4
몸은 정면을 향하고 어깨
에 라켓을 메듯이 폴로스
루를 확실하게 해준다.

3
왼손으로 라켓을 밀어
내듯이 휘두른다.

1

테이크 백을 하면서 타
점에 들어간다.

2

팔을 뻗기가 가장 편한
곳을 타점으로 정한다.

양 손 타법 백핸드에서 주의할 점은 타
점을 몸에 너무 가깝게 두면 안 된다는
점이다. 그렇게 되면 힘을 주기가 어려
워지므로 팔꿈치를 펴고 가장 편한 자
세로 볼을 치도록 주의하자.

한 손 타법 톱 스핀/포핸드

톱 스핀이 주류인 현대의 테니스에서는 여러 가지 상황에서 톱 스핀 샷을 구사할 수 있도록 하는 것이 중요하다. 몸 전체를 이용해서 볼을 힘차게 치자.

4 폴로스루는 라켓을 어깨에 메듯이 몸 뒤쪽으로 가져가지만, 와이퍼 스윙에서는 겨드랑이 높이에서 폴로스루가 끝나는 경우가 많다.

3 라켓 헤드는 위쪽으로 향하도록 하고 볼을 마찰시키듯이 휘두른다.

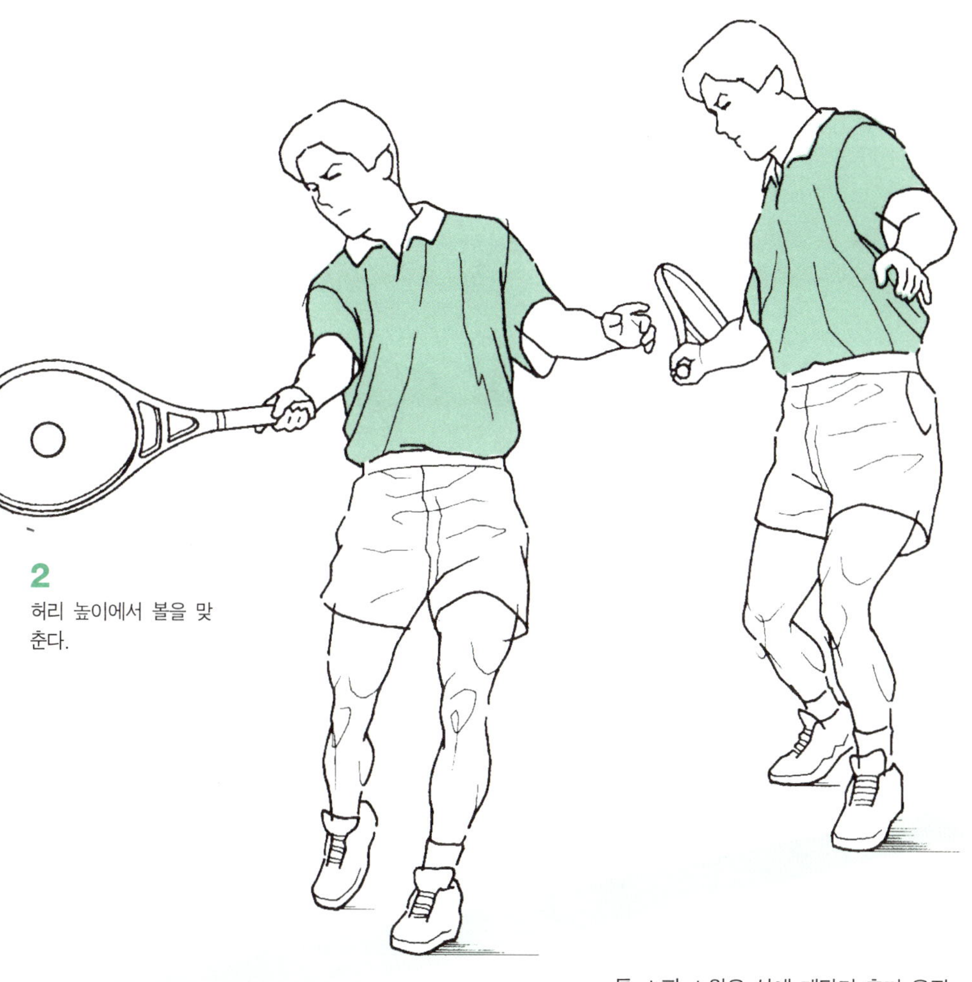

톱 스핀 스윙은 실에 매달린 추가 움직
이듯이 하는 것이, 현재 가장 많은 선수
들이 활용하고 있는 자세이다. 이것을
마스터한다면 안드레 아가시와 같은 포
핸드를 구사할 수 있을 것이다.

양 손 타법 톱 스핀/포핸드

포핸드, 백핸드를 모두 양 손으로 처리하는 선수의 장점은 강력한 톱 스핀을 구사할 수가 있다는 것이다.
양 손을 사용하는 이점을 살려서 강력한 톱 스핀을 구사할 수 있게 되면
자연히 실력 향상으로 이어질 것이다.

3·4

라켓 페이스를 바꾸지 말아야 하며, 정면을 향한 채로 폴로스루로 연결시킨다.

5

폴로스루는 라켓을 어깨에 메듯이 행한다.

포핸드에서 양 손 타법 톱 스핀은 야구
에서의 스윙을 연상하면 알기 쉽다. 임
팩트 후의 라켓 페이스가 전방을 향하
도록 하는 것이 포인트이다. 그리고 자
연스럽게 등 쪽으로 폴로스루를 한다.

한 손 타법 톱 스핀/백핸드

요즘의 테니스 경기에서는 백핸드 톱 스핀도 구사할 수 있어야 한다.
중요한 것은 긴장을 푼 상태로 리스트 워크와 폴로스루를 크게 하는 것이고, 상대방의 파워에
밀리지 말아야 한다는 점이다.

상대방의 파워에 밀리지 않으려고 지나
치게 의식하면 불필요한 힘이 들어가게
된다. 특히 리스트워크에 힘이 너무 들
어가게 되면 제대로 된 샷을 구사할 수
가 없다. 가슴을 넓게 펴고 폴로스루를
크게 하면, 볼에도 힘이 실리게 되어 위
력적인 톱 스핀 샷이 된다.

양 손 타법 톱 스핀/백핸드

양 손 타법 백핸드 플레이어는 백핸드 톱 스핀의 구사에 적합하다.
왜냐하면, 왼손으로 와이퍼 스윙을 하기 쉽기 때문이다.
그러한 장점을 살려서 힘있는 샷을 구사할 수 있도록 하자.

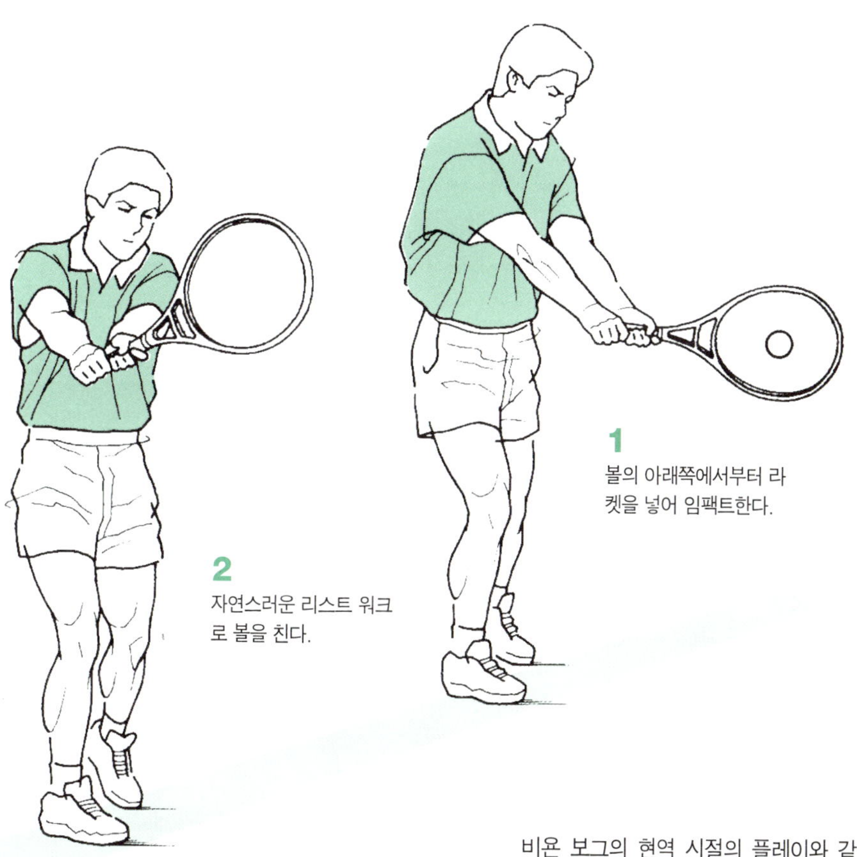

비욘 보그의 현역 시절의 플레이와 같
이, 과거 양 손 타법 플레이어에게 있어
서 왼손의 역할은 힘을 보조하는 데에
만 국한됐지만, 안드레 아가시 이후 최
근의 양 손 타법 백핸드에서는 적극적
으로 왼손을 사용하는 경향이 있다. 그
이유는 테니스가 보다 공격적으로 바뀌
고 있기 때문이다. 양 손 타법 플레이어
는 왼손의 움직임을 이용해서 볼을 친
다는 생각을 머리 속에 그리며 연습하
는 것이 좋다.

라이징 샷

라이징 샷은 볼이 가장 높은 지점에 도달하기 직전을 노려서 가격하는 샷이다.
따라서 자신이 노리고 있는 타점에 들어가기 위한 신속한 풋워크가 필요하지만, 상대가 친 볼의
스피드를 이용해서 치기 때문에 다소 파워가 떨어지는 선수라도 빠른 볼을 구사할 수가 있다.

3
볼이 가장 높이 올라오
기 직전에 가격한다.

4
손목을 비틀지 말고 자
연스럽게 폴로스루로 연
결시킨다.

볼이 바운드되어 올라올
때를 노려서 재빠르게
타점에 들어간다.

하프 바운드보다 조금
높이 올라올 때를 기다
린다.

라이징 샷의 장점은 빠른 타이밍으로
볼을 처리한다는 점이다. 따라서 상대
에게 여유를 주지 않고 심리적인 부담
을 줄 수도 있다. 특별한 재능을 가진
선수는 하프 바운드로도 볼을 가격할
수 있으나, 통상적으로 하프 바운드에
서 처리하면 위력 있는 볼을 구사할 수
가 없다. 볼을 가격하는 위치는 하프 바
운드보다 조금 높이 올라온 지점이다.

한 손 타법 발리

발리에서 중요한 것은 임팩트 리듬과 볼을 끊어 치는 것이다.
볼을 칠 때의 리듬은 「하나, 둘」보다는 「하나」에서
순간적으로 치는 것이 좋다. 빠른 리듬에서의 리스트 워크,
라켓 워크를 몸에 익히는 것이 필요하다.

2·3

테이크 백에서 임팩트까지를 「하나」의 리듬에 맞춰서 짧게 한다. 이때 볼을 가볍게 끊어서 가격해 준다.

4

얼굴 앞까지 확실하게 폴로스루를 마무리한다.

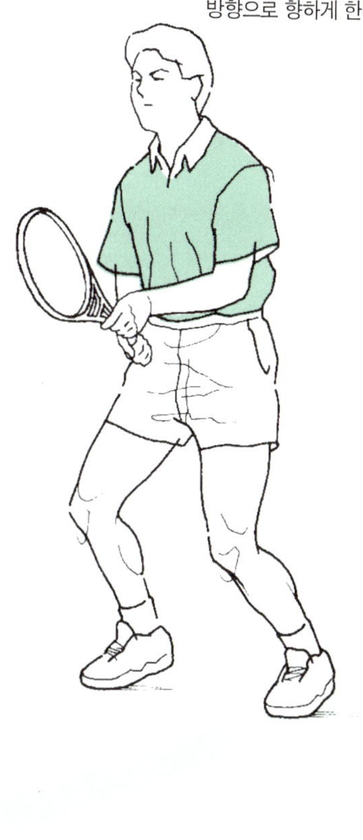

일반적으로 볼은 「하나, 둘」의 리듬으로
처리하지만, 기분상으로는 「하나」에서
순간적으로 가격한다는 것을 익혀 두자.
발리는 뒤에서 앞으로의 스윙 궤도를 취
하고, 발리 후의 폴로스루는 확실히 하
는 것이 중요하다. 여자 선수의 경우 발
리를 할 때 타구의 반동으로 라켓이 흔
들려, 손목이 꺾이는 경우가 많기 때문
에 임팩트 순간에 그립을 확실하게 쥐는
감각을 몸에 익혀 두도록 하자.

양 손 타법 발리

백핸드 발리는 양 손을 이용해서 치는 선수가 많다.
손목을 고정시키기 쉽고 상대방이 친 볼의 힘을 이용할 수 있다는 점이 장점이다.
확실한 폴로스루로 안정된 발리를 구사할 수 있도록 연습해 보자.

3·4
자연스럽게 왼손을 라켓
에서 떼면서 완벽한 폴
로스루를 취한다.

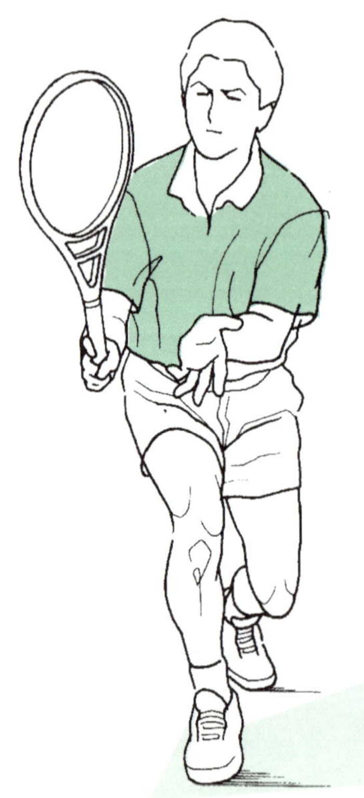

양 손 타법 발리에서는 볼을 몸에 너무
바짝 붙이는 경향이 있기 때문에 그 점
에 충분한 주의를 기울여야 한다. 그러
기 위해서는 통상의 양 손 타법 스트로
크보다 볼 한 개 정도 앞에서 타점을 포
착하는 것이 포인트이다. 왼손을 떼지
않은 상태로는 충분한 폴로스루를 취할
수 없기 때문에 임팩트 후에 자연스럽
게 왼손을 떼도록 하자.

스매시

로빙 볼에서 상대를 제압하기 위한 샷이 스매시이다.
완벽한 스매시를 구사하기 위해서는 볼의 움직임보다 먼저 이동하여 타점에 들어가,
침착하게 상대의 오픈 스페이스를 노려서 가격하는 것이 포인트이다.

4
손목으로만 치지 않도록
축이 되는 발에 중심을
싣는다.

5
볼을 친 후에는 상반신
이 구부러지지 않도록
얼굴은 정면을 향한다.

스매시는 속도가 느린 로빙 볼의 리듬에 맞추는 경향이
있기 때문에 타이밍을 놓쳐 미스 볼이 되기 쉽다. 안정
된 스매시를 구사하기 위해서는 볼보다 먼저 타점에 들
어가는 것이 중요하다. 또한, 볼을 친 다음 상반신을 구
부리지 않도록 주의해야 한다.

서비스/테이크 백 & 토스업

서비스의 포인트는 긴장을 풀고 편안한 심리 상태를 유지하는 것이다.
따라서 유연한 몸놀림이 요구된다. 테이크 백, 토스업, 스윙, 폴로스루가 조화롭게 이루어졌을
때 서비스 에이스로 연결되는 서브를 구사할 수 있게 된다.

테이크 백

몸은 L자를 그리듯이 자
세를 취한다.

서비스의 테이크 백은 팔을 완전히 펴
지 않도록 주의해야 한다. 그러기 위해
서는 팔꿈치부터 테이크 백을 하도록
주의한다. 상체를 비틀기 위해서는 오
른쪽 발을 내디뎌 하반신을 앞으로 향
하도록 하고 상반신을 그대로 둔다. 발
을 내딛지 않을 경우에는 상반신을 비
틀어 주도록 하자. 토스업 후의 양 팔의
상태는 V자가 아닌 L자가 되도록 하는
것이 중요하다.

토스업

토스업은 몸의 오른쪽 옆이 아닌 머리 위로 올리는 자세로 한다.

서비스/프로텍션

스윙의 흐름은 리스트 워크를 오른쪽에서 왼쪽이 아니라 귀 가까이를 스치듯이 통과하도록 한다.

그래야만 자연스럽게 오른쪽 방향으로 향하게 된다. 어떤 구질의 볼이라도 좌측을 가격한다고 연상하는 것이 포인트이다(왼손잡이인 사람은 볼의 우측을). 앞에서 설명한 스윙 궤도로 빠른 리스트 워크를 한다면 볼에 스피드를 가할 수가 있다. 또한, 폴로스루로 손목을 왼쪽으로 비틀어 준다면 리스트 워크는 특별히 의식하지 않아도 자연스럽게 보호가 된다.

폴로스루에서는 손목을 왼쪽으로 비틀면서 라켓을 휘두른다.

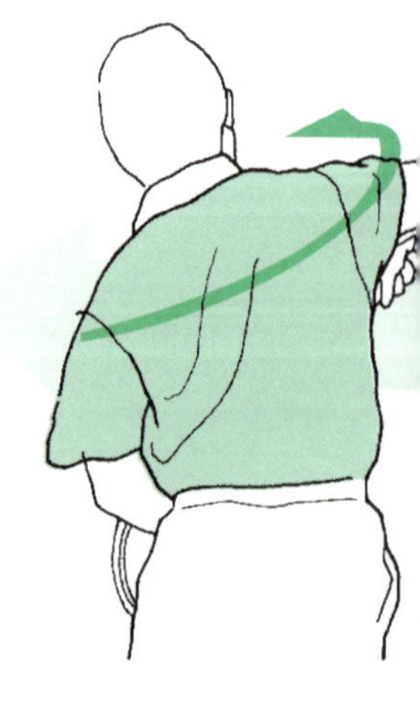

귀밑을 통과하도록 리스
트 워크를 한다.

임팩트 시에는 손목을
밖으로 돌린다. 어떤 구
질의 볼이라도 볼의 왼
쪽을 친다는 생각으로
(왼손잡이인 사람은 볼
의 오른쪽을).

슬라이스 샷

양 손을 이용하는 선수가 늘어나면서, 최근에 와서는 슬라이스 샷을 주축으로 랠리를 하는 선수가 줄어들고 있다. 그러나 슬라이스 샷은 상대를 전후좌우로 움직이게 하여 운동량이 증가하도록 유도할 수가 있고, 자신이 그러한 상황에 처했을 때에는 스테미너를 회복하기 위한 중요한 샷이다.

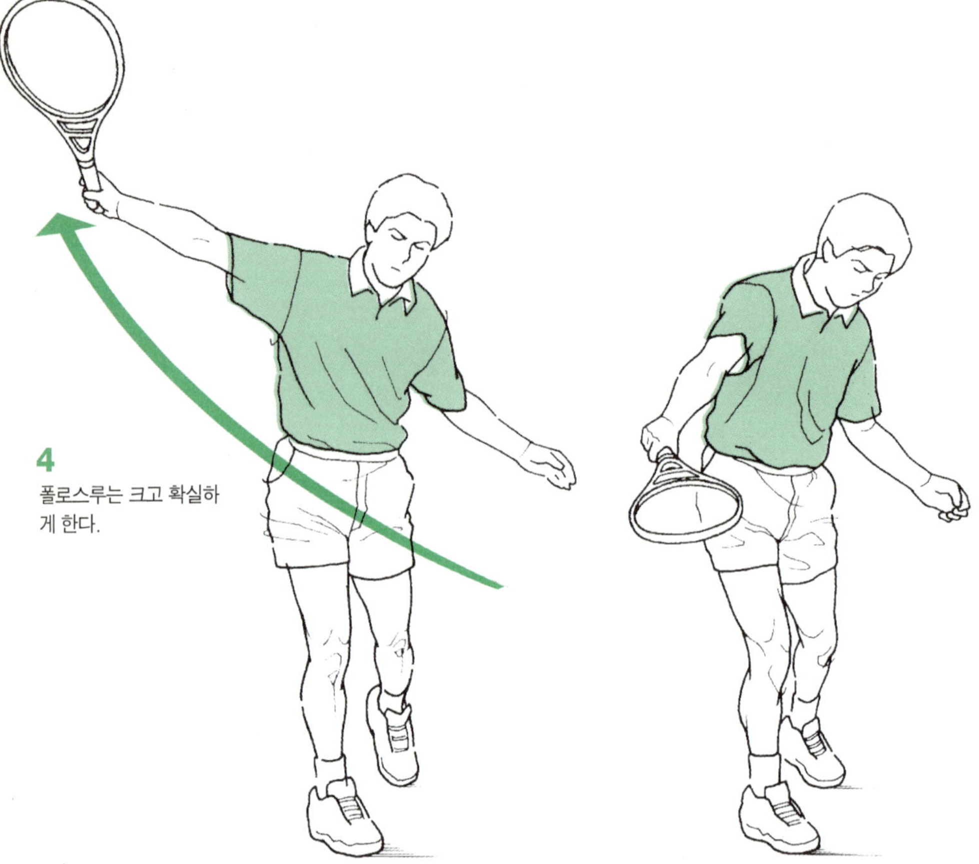

4
폴로스루는 크고 확실하게 한다.

3
라켓 페이스가 밑으로 처지지 않도록 주의한다.

그립은 기본적으로는 콘티넨털 그립이고 라켓 페이스는 위를 향하게 하고 임팩트 시에는 라켓 헤드가 밑으로 처지지 않도록 하면서, 지면과 거의 평형하게 라켓을 잡는다. 콘티넨털 그립은 자연스럽게 스핀이 걸리기 때문에 언더스핀을 건다는 의식은 하지 않아도 된다. 폴로스루는 머리 위까지 확실하게 해줄 것. 볼을 라켓의 표면에 올려서 그대로 옮긴다는 생각으로 가격하자.

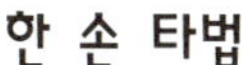

1

라켓을 위로 향하게 해
서 테이크 백을 한다.

2

라켓 페이스는 약간 위를
향하게 해서 볼을 친다.

플랫 샷

플랫 샷만으로 경기를 하는 선수는 줄어들었지만, 플랫 샷으로 성공을 거둔 선수도 있다.
플랫 샷에서의 중요한 것은 컨트롤이다. 단, 손끝으로 밀기만 하는 것이 아니라, 몸 전체를 이용
한 스윙이 포인트이다.

3
임팩트 후에는 라켓 페
이스가 흔들리지 않도록
그립을 확실하게 잡는
다. 볼을 가격한 직후에
무리하게 라켓 헤드를
되돌리려고 하지 말자.

4
자연스럽게 라켓 헤드를
되돌려 라켓을 어깨에
메듯이 폴로스루를 큰
동작으로 한다.

플랫 샷을 구사할 경우, 100%의 힘을 이용하게 되면 오버스윙으로 인한 미스 샷이 될 확률이 높아진다. 볼을 밀어낸다는 기분으로 가격하고 컨트롤에 중점을 두자. 그렇다고 해서 간략하게 마무리한다는 것은 아니다. 어깨를 넘어가는 폴로스루는 쭉 뻗는 타구를 치기 위해서는 꼭 필요하다는 것을 잊지 말자.

한 손 타법/어프로치 샷

어프로치 샷은 다운더라인 쪽으로 가격하는 경우가 많다.
몸이 볼에 쏠리지 않도록 주의하면서 완벽한 스윙을 취한 후 신속하게 이동하여 센터로 커버링을
하는 것이 포인트이다.

5

상체의 자세를 확실하게
한 후 볼을 가격한다.

6·7

몸이 쏠리지 않게 하면
서, 폴로스루까지 확실
하게 마친 후 센터로 향
한다.

타점을 정하고 테이크 백을 하면서 볼에 다가간다.

4

볼을 오른발보다 안쪽으로 놓고 상체가 흔들리지 않도록 밸런스를 잘 조절하는 것을 잊지 말자.

볼에 접근하면서 구사하는 어프로치 샷에서는 임팩트 시의 타이밍을 정확히 맞추는 것이 포인트이다. 몸을 움직이기 때문에 라켓의 위치를 고정시키기는 어렵지만, 확실한 테이크 백으로 타점을 정하자. 또한, 몸이 쏠리지 않게 완전히 동작이 완료된 다음, 신속하게 다음 동작으로 연결해야만 확실한 어프로치 샷을 구사할 수가 있다.

양 손 타법/어프로치 샷

공격적인 어프로치 샷을 양 손으로 구사하기 때문에 볼의 반동에도 밀리지 않는다.
특히 여자선수나 백핸드 시에 자주 볼 수 있다.
타이밍이 빠른 공격도 가능한 샷이다.

4

폴로스루는 자연스럽게
팔의 흐름에 맡기되, 크
게 휘두를 필요는 없다.

5

폴로스루를 마치고 나면
가장 유리한 위치를 판단
해서 신속하게 이동한다.

한 손 타법과의 차이점은 일반적인 스
트로크보다도 테이크 백과 폴로스루를
간결하게 한다는 것이다. 스윙을 너무
크게 하면 다음 동작이 늦어지게 된다.
또, 양 손 타법에서 한 손 타법 발리로
전환하는 경우에는 그립을 바꿔주어야
하기 때문에 간결한 스윙을 한다는 것
은 더더욱 중요하다. 그럴 경우 콘티넨
털 그립으로 전환하면서 다음 포지션으
로 이동한다.

어프로치 샷/백핸드 플랫 샷

어프로치 샷으로 백핸드 플랫 샷을 구사하는 것은 고도의
기술을 필요로 하지만, 최근에는 자주 이용되고 있는 테크닉이다.
매우 공격적인 샷이다.

4
높은 볼을 처리하더라도
라켓 헤드는 평행 또는 아
래쪽에서 나오도록 한다.

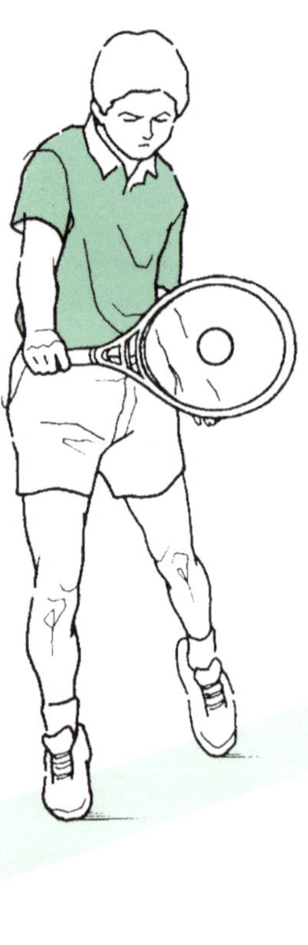

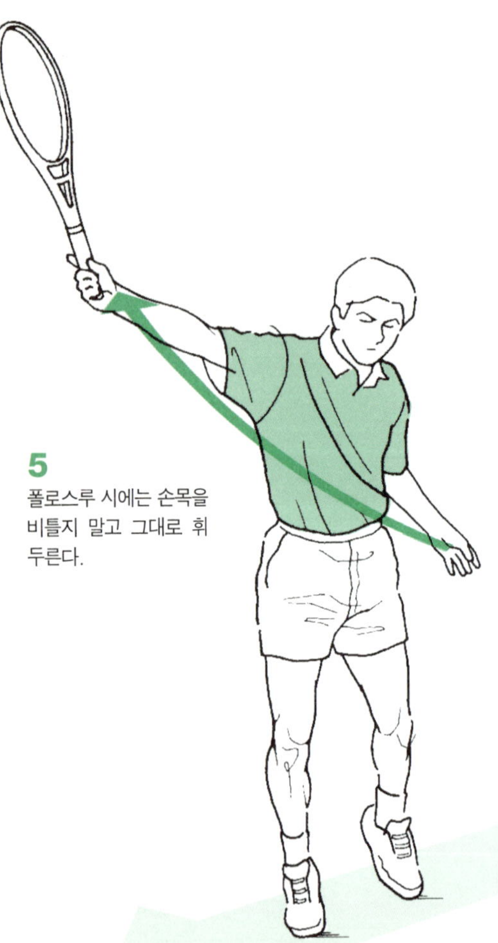

5
폴로스루 시에는 손목을
비틀지 말고 그대로 휘
두른다.

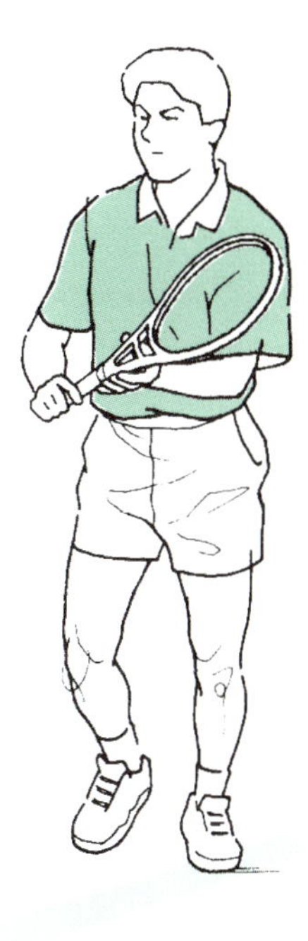
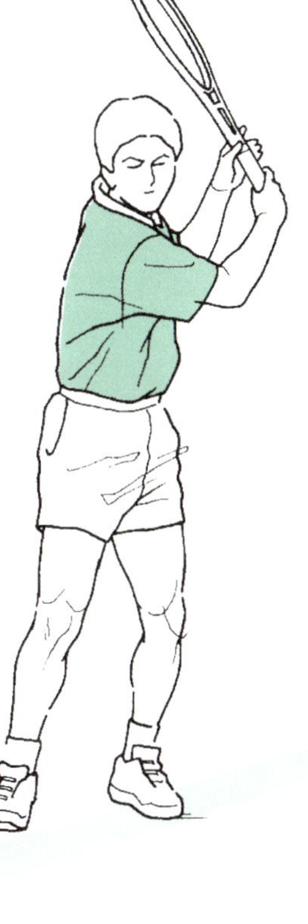

이 샷에서 주의할 점은 힘을 싣기에 가장 좋은 위치인 가슴과 허리 사이에서 볼을 가격하는 것이다. 그러나, 그러한 찬스를 노린 나머지 너무 오래 기다려도 완벽한 샷을 구사할 수가 없다. 이 샷을 성공시키기 위해서는 가장 확실한 타이밍을 잡는 연습을 계속해야 한다.

어프로치 샷/백핸드 슬라이스 샷

백핸드 어프로치 샷에서는 가장 일반적인 것이 슬라이스 어프로치 샷이다.
최상의 네트포지션에 들어가기 위해서 빼놓을 수 없는 샷이다.
이 샷은 어프로치의 기본이기 때문에 반드시 마스터해 두자.

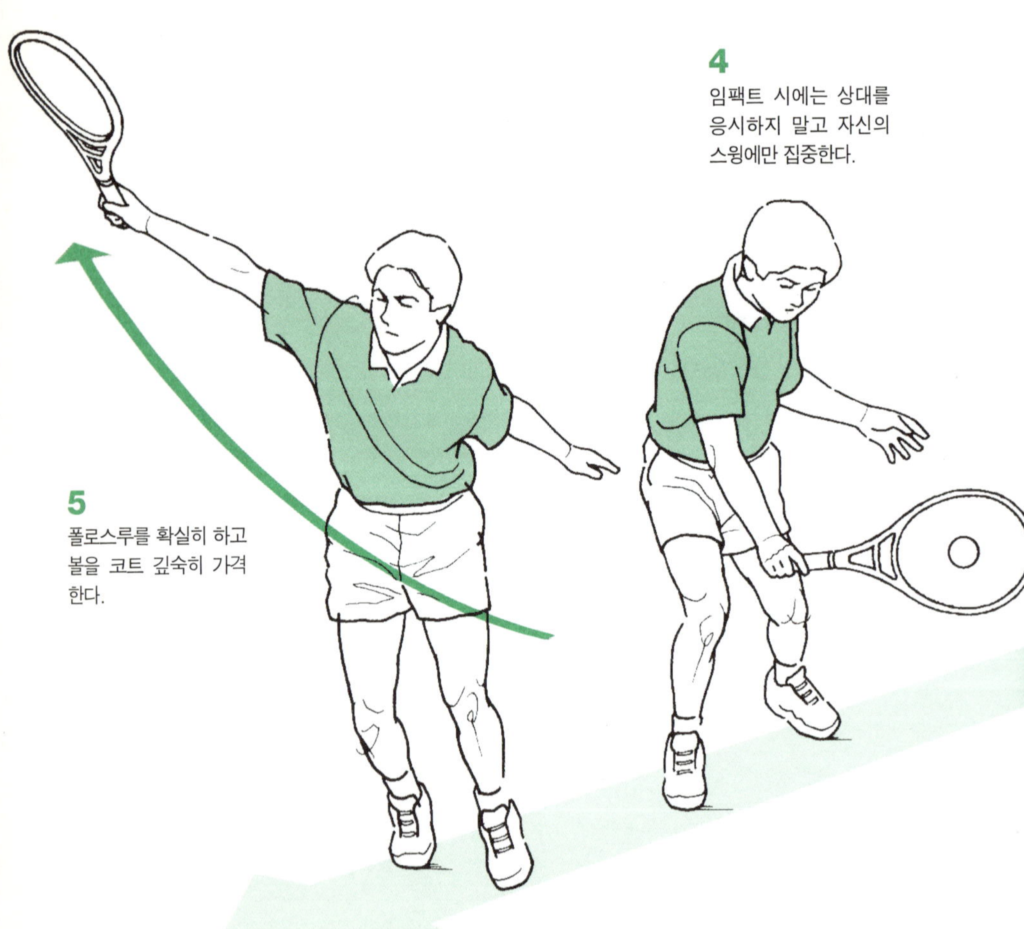

4
임팩트 시에는 상대를 응시하지 말고 자신의 스윙에만 집중한다.

5
폴로스루를 확실히 하고 볼을 코트 깊숙히 가격한다.

백핸드 슬라이스로 어프로치 샷을 구사할 때는 일반적으로 깊은 볼로 처리할 수 있는가 하는 점이 중요한 포인트이다. 이 샷은 에이스를 따내기 위한 샷이 아니기 때문에 볼을 깊숙이 보내서 좋은 포지션에서 발리를 진행할 수 있도록 하는 것이 중요한 포인트이다. 그러기 위해서도 확실한 폴로스루는 중요하기 때문에 절대 서두르지 말고 침착하게 가격하도록 하자.

한 손 타법/위닝 샷

위닝 샷은 절대로 실수를 하면 안 되는 기술이다. 모처럼의 찬스 볼을 실수하게 되면 심리적인 부담감이 커지기 때문이다. 톱 클래스의 선수일수록 샷을 확실하게 마무리한다.
위닝 샷을 마스터한다는 것은 톱 클래스의 선수가 되기 위한 첫걸음이다.

4·5

스윙은 크고 확실하게 해서 라켓을 어깨에 메 듯이 가져간다. 회전이 강한 스핀을 구사하는 선수는 와이퍼 스윙 후에 겨드랑이 높이에서 마무리한다.

스핀이 많이 걸린 볼을
구사하고 싶다면 라켓
헤드를 밑으로 내려 임
팩트한다. 라켓의 방향
은 수평으로 한다. 몸을
리프트 업*한 상태에서
볼을 친다는 사실을 잊
지 말자.

포지션을 정하고 라켓을
세워서 테이크 백을 한다.

찬스 볼이라고 해서 절대로 무리하게
힘을 줄 필요는 없다. 정확하게 볼을 가
격할 수 있는 포지션에서 스윙을 하면
된다. 라켓 헤드를 세운 상태로 테이크
백을 하고 임팩트 순간에 헤드를 내리
면 보다 강력한 샷을 구사할 수가 있다.

※리프트 업(lift up)
　자연스럽게 지면을 차 올려서
　스윙의 힘을 확보하는 것.

양 손 타법/위닝 샷

일반적으로는 양 손을 이용하는 선수가 가장 잘 구사하는 샷이다.
양 손 타법은 항상 공격적이어야 하므로 이 샷은 양 손 타법의 선수에게 꼭 필요한 요소이기도 하다.

5
양 팔꿈치는 확실하게
굽혀야 한다는 사실을
잊지 말자.

4
폴로스루 시에는 라켓
헤드를 충분히 뻗어야
한다.

1

타점을 정하면 확실하게
테이크 백을 한다.

2

이 자세는 상대가 볼의
방향을 예측할 수 없는
자세이다.

3

임팩트 시에 볼을 정확
히 보고 예리한 리스트
워크로 볼을 친다.

양 손 타법 위닝 샷은 어프로치 샷과 비
슷하지만 스윙을 간결하게 할 필요는 없
다. 신속하게 휘둘러 상대가 볼의 방향
을 예측할 수 없도록 해야 하기 때문에
상대의 움직임을 본 다음에도 충분히 에
이스를 따낼 수 있는 샷이기도 하다.

한 손 타법 위닝 샷/백핸드

한 손 타법 위닝 샷을 백핸드로 구사한다는 것은 고난도의 테크닉이다.
이 샷을 마스터하면 스트로크 시합 등에서 상대에게
보다 많은 부담감을 줄 수 있다.

위닝 샷에서 빠른 볼을 구사하기 위해
서는 긴장을 풀어 주는 것과 히팅 포인
트가 중요하다. 포핸드를 주무기로 하
는 선수도 백핸드 위닝 샷의 스무스
(smooth)한 스윙을 마스터함으로써
상대에게 보다 큰 부담을 줄 수가 있다.

임팩트 시 라켓의 표면
이 흔들리지 않도록 허
리와 가슴 사이에서 볼
을 가격한다.

테이크 백은 신속함과
팔꿈치의 여유가 포인트
이다.

양 손 타법 위닝 샷/백핸드

양 손 타법 포핸드와 같이 상대방이 볼의 진행 방향을 예측하지 못 하도록,
한 손 타법보다 강력한 샷을 구사할 수 있다. 백핸드를 양 손으로 치는 선수가 이 샷을
확실하게 구사하지 못한다면 양 손을 사용하는 의미가 없다.

3
폴로스루 시에는, 리스트 워크는 생각하지 말고 그대로 현 상태를 유지한다.

백핸드 양 손 타법의 위닝 샷에서 주의해야 할 점은 무리 없는 리스트 워크이다. 테이크 백에서 폴로스루까지 손목을 비틀지 말고 라켓을 휘두른다. 샷에 힘을 가하기 위해서는 몸의 비틀기를 이용한다.

비튼 몸을 원상태로 되
돌리면서 그 반동을 이
용하여 파워 스윙을 보
다 예리하게 구사한다.

스탠스를 넓게 벌리고 몸
을 충분히 비틀어 준다.

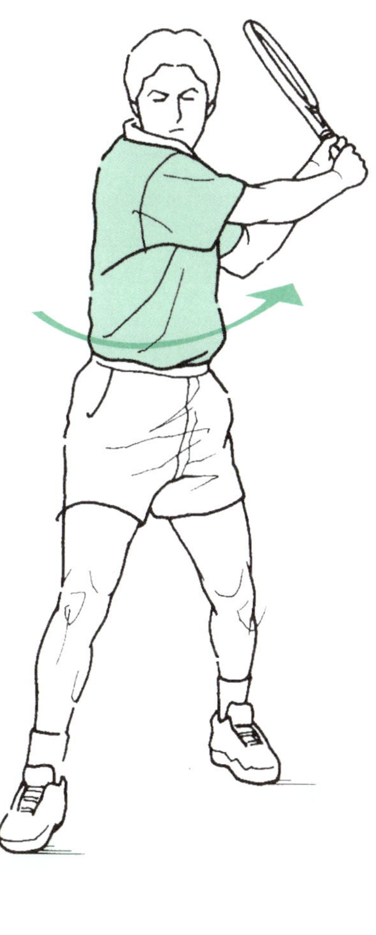

테니스는 풋워크 스포츠이다

풋워크를 단련한다

테니스에서 풋워크는 중요한 요소이다. 좋은 풋워크라 함은 단지 발이 빠르다는 것뿐 아니라, 볼과 몸 사이의 거리를 항상 일정하게 유지한다는 의미이기도 하다. 그 범위가 넓을수록 좋은 풋워크이다.

프로 선수를 예로 들어보면 마이클 창과 같은 선수는 항상 훌륭한 풋워크를 가진 선수라고 말할 수 있다. 상대방의 코트에서 볼이 떠나는 순간에 최단 거리를 선택해서 불필요한 동작 없이 포지션에 들어간다.

그 동작을 보다 빠르게 하기 위해 간과해서는 안 되는 것이 타구를 읽을 수 있는 능력이다. 다음과 같은 트레이닝으로 타구를 읽는 연습을 겸한 풋워크를 단련하자.

1. 근거리 풋워크 트레이닝
-볼과의 거리감을 익히는 트레이닝

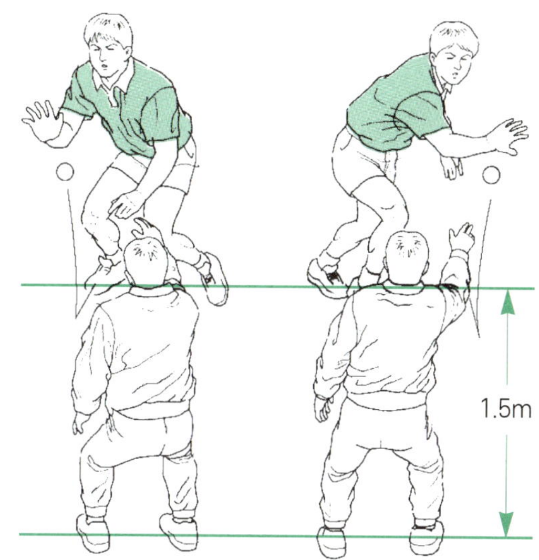

❶ 선수와 코치가 1.5m정도의 거리를 두고 마주 보고 선다.

❷ 코치는 원 바운드로 선수에게 스트로크와 같은 볼을 던진다.

❸ 선수는 스트로크와 같은 요령으로 맨손으로 볼을 잡아서 재빨리 코치에게 되돌려준다.

❹ 코치는 볼을 받아서 다른 방향으로 던진다.

● 노바운드나 땅볼도 섞어서 던진다.
(8초간×3세트)

2. 장거리 풋워크 트레이닝
-최단 거리를 판단하는 트레이닝

❶ ①~⑤의 위치에 볼을 놓아 둔다.

❷ 선수는 라켓 없이 중앙에 선다.

❸ 코치가 임의로 번호를 지정한다.

❹ 지정한 번호에 가장 빨리 갈 수 있는 거리를 이용해서 볼을 가지고 제자리로 돌아온다.

❺ 선수가 돌아오면 계속해서 번호를 지정하고 같은 동작을 반복한다.
(모든 볼을 가져옴×2세트)

FRENCH OPEN SINGLES
CHAMPION 1980~1998

	〈MAN〉	〈WOMAN〉
1980	B.보그	C.E.로이드
1981	B.보그	H.만드리코바
1982	M.빌란데르	M.나브라틸로바
1983	Y.노아	C.E.로이드
1984	I.렌들	M.나브라틸로바
1985	M.빌란데르	C.E.로이드
1986	I.렌들	C.E.로이드
1987	I.렌들	S.그라프
1988	M.빌란데르	S.그라프
1989	M.창	A.산체스
1990	A.고메스	M.셀레스
1991	J.쿠리어	M.셀레스
1992	J.쿠리어	M.셀레스
1993	S.브루게라	S.그라프
1994	S.브루게라	A.산체스
1995	T.마스터	S.그라프
1996	Y.카페르니코프	S.그라프
1997	G.쿠에르텡	I.마욜리
1998	C. 모야	A.산체스

실력 향상편

포인트에 연결되는 샷을 몸에 익혀서 실력 향상을 꾀한다

확실하게 포인트를 따낼 수 있는 샷을
구사할 수 있게 됨으로써 테니스의 기술은 향상된다.
기술적인 면뿐만 아니라 각각의 상황에서
효과를 발휘하는 샷을 배우는 것도
이 장에서의 중요한 레슨이다.
또한, 일류 선수의 기술이나 플레이 스타일을
숙지하고 한층 더 공격적인 샷도
몸에 익혀 두도록 한다.

리턴 샷/테크닉

리시버가 점수를 올릴 수 있는 가장 빠른 방법은 리턴 에이스를 따내는 것이다.
리턴 에이스의 확률을 높이기 위해서는 확실한 테크닉을 몸에 익히는 것이 최우선이다.
야구에서 투수의 특징을 간파할 수 있는 타자가 안타를 칠 확률이 높은 것과 마찬가지로 서버의
특징을 간파하는 것도 중요한 포인트가 된다.

4·5
폴로스루 시에는 라켓
헤드를 그대로 자연스럽
게 내밀면서 예리한 스
윙을 구사한다.

3
임팩트 순간에는 라켓
페이스가 흔들리지 않도
록 그립을 꽉 쥔다.

포지션이 정해지면 간결
하고 재빠른 동작으로
왼쪽 어깨를 앞으로 내
밀면서 테이크 백 자세
를 취하고 바디 턴만을
생각한다.

볼이 어디로 되돌아올
것인가를 정확히 읽으면
서 포지션에 들어간다.

퍼스트 서비스와 세컨드 서비스에서의
구질이나 속도의 차이를 읽어 내자. 스
피드가 있는 퍼스트 서비스에 대해서는
블록 리턴의 중요성을 재인식하고 바디
턴으로 볼을 가격하도록 한다. 테이크
백을 크게 하려고 의식하지 말자. 기본
적으로는 그라운드 스트로크 기술을 간
결하게 하기만 하면 된다.

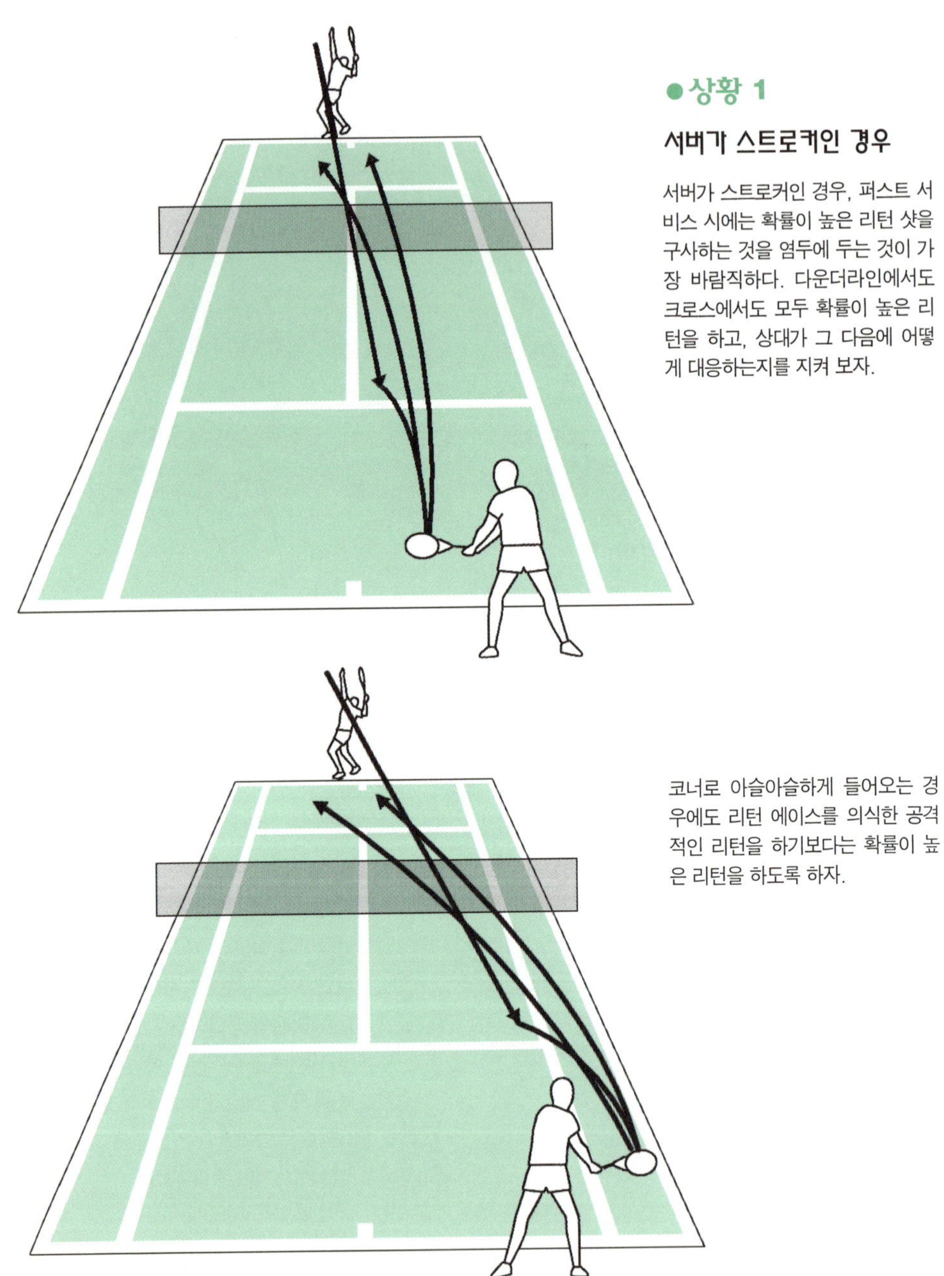

●상황 1

서버가 스트로커인 경우

서버가 스트로커인 경우, 퍼스트 서비스 시에는 확률이 높은 리턴 샷을 구사하는 것을 염두에 두는 것이 가장 바람직하다. 다운더라인에서도 크로스에서도 모두 확률이 높은 리턴을 하고, 상대가 그 다음에 어떻게 대응하는지를 지켜 보자.

코너로 아슬아슬하게 들어오는 경우에도 리턴 에이스를 의식한 공격적인 리턴을 하기보다는 확률이 높은 리턴을 하도록 하자.

● 상황 2

서버가 네트
플레이어인 경우

퍼스트 서비스에서 서버가 네트로 나온 경우에는 다운더라인에서도 크로스에서도 상대의 발 밑으로 리턴 샷을 구사한다.

리턴 코스가 헷갈리게 되면 미들이나 **크로스** 코트로 리턴 샷을 구사하면 된다.

앵글 샷/테크닉

예리한 각도로 볼을 크로스 코트로 보내는 것이 앵글 샷이다.
유연한 리스트 워크가 필요하지만 톱 스핀을 중심으로 게임을 진행시키는 선수에게는 패싱샷에서도
스트로크 랠리 중에도 사용할 수 있다. 상급자에게는 빼놓을 수 없는 샷이다

3
라켓 헤드를 아래쪽에서
부터 휘둘러서 볼에 스
핀이 들어가도록 친다.

4
짧은 볼일 경우에도 리
스트 워크는 손목이 흔
들리지 않도록 자연스럽
게 휘두른다.

앵글 샷에서 주의할 점은 패싱샷 시에 스피드가 필요하기 때문에 네트 위 30cm〜50cm, 스트로크 시에는 50cm 이상을 겨냥하는 것이다. 그것은 네트 바로 위를 겨냥하는 것보다 더 각도가 있는 장소에 볼을 떨어뜨릴 수가 있기 때문이다.

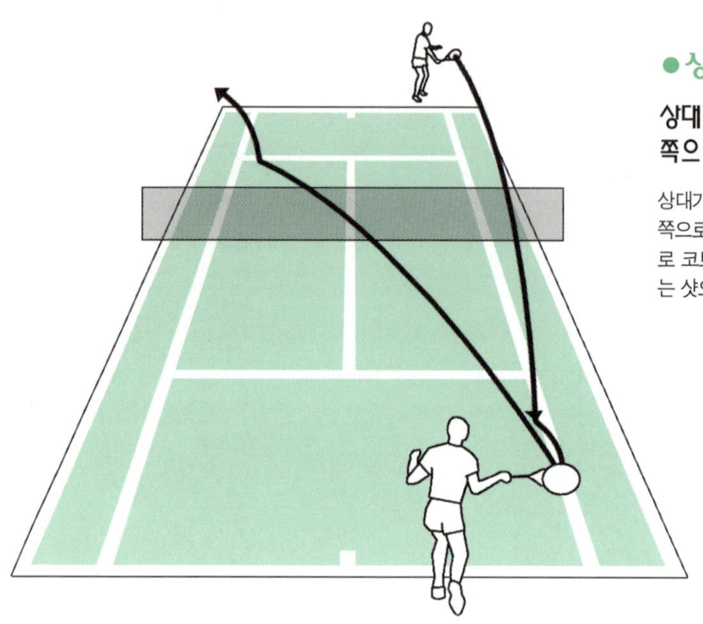

●상황 1

상대가 다운더라인 쪽으로 칠 경우

상대가 슬라이스 샷을 다운더라인 쪽으로 보낼 경우에는 크로스 샷으로 코트의 오픈 사이드에 각도가 있는 샷으로 상대를 흔든다.

●상황 2

상대가 앵글 샷으로 볼을 가격해 온 경우

상대가 앵글 샷으로 가격해 온 경우에는 역을 노려서 다시 앵글 샷을 오픈 스페이스 쪽으로 돌아오는 상대의 허를 찔러 받아친다.

●상황 3

상대방이 오픈 코트
상태가 되도록 하는 경우

자신이 적극적으로 백사이드 볼을
포핸드 자세로 옮겨서 역 크로스로
앵글 샷을 구사하여 상대가 코트 밖
으로 나가도록 유도한다.

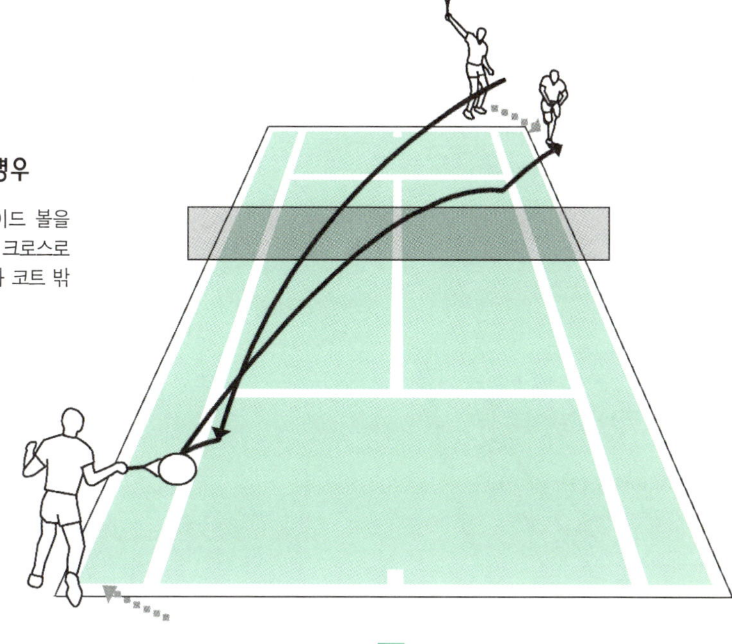

상대가 가격한 볼을 오픈 코트 방향
으로 위닝 샷을 구사한다. 클레이 코
트에서 자주 사용되는 패턴이다.

톱 스핀 로브/테크닉

볼을 몸 쪽으로 끌어 들여서 상대가 네트 플레이 타이밍을
맞추지 못 하도록 하는 테크닉, 그것이 톱 스핀 로브이다. 공격적인
샷이기 때문에 보통의 로브와는 달리 너무 높이 보내려고 하지 않아도 된다.

2

볼을 약간 몸 쪽으로 붙
여서 상대가 네트 플레
이 타이밍을 맞추지 못
하도록 임팩트한다.

3

그대로 아래에서 위쪽으
로의 리스트 워크를 하고,
폴로스루는 높은 위치에
서 강한 스핀을 건다.

테이크 백은 보통의 그라운드 스트로크와 거의 같다. 임팩트 전에 라켓 헤드를 내려서 아래쪽에서 위쪽으로 볼을 마찰시키듯이 끌어올린다. 높게 쳐 올릴 필요는 없고 상대의 라켓보다 좀더 위를 통과한다는 생각으로 가격하면 된다. 폴로스루는 머리의 우측으로 가져가는 것이 톱 프로의 기술이다.

1 상대의 발리 포지션을 생각하면서 테이크 백을 한다.

아래쪽에서 위쪽으로 마찰시키듯이 올리는 리스트 워크가 이 샷을 성공시키는 중요한 포인트이다.

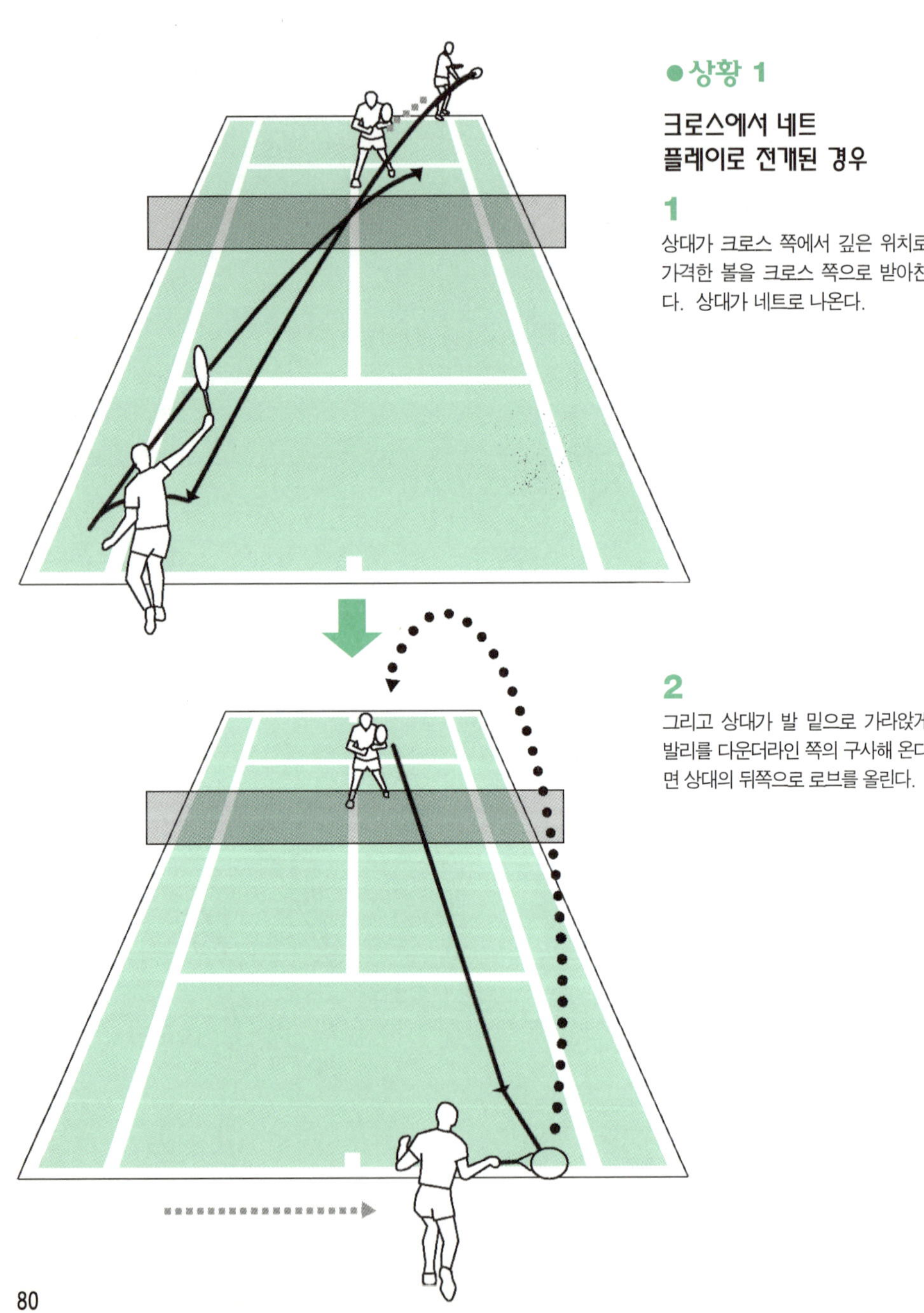

●상황 1

크로스에서 네트 플레이로 전개된 경우

1

상대가 크로스 쪽에서 깊은 위치로 가격한 볼을 크로스 쪽으로 받아친다. 상대가 네트로 나온다.

2

그리고 상대가 발 밑으로 가라앉게 발리를 다운더라인 쪽의 구사해 온다면 상대의 뒤쪽으로 로브를 올린다.

●상황 2

다운더라인 쪽에서
네트 플레이로 전개된 경우

1

상대가 다운더라인 쪽으로 깊게 가격해 온 볼을 크로스로 받아친다. 상대가 네트로 나온다.

2

그리고 얕은 위치로 발리를 다운더라인 쪽으로 구사해 온다면 백핸드로 상대의 뒤쪽으로 로브를 올린다.

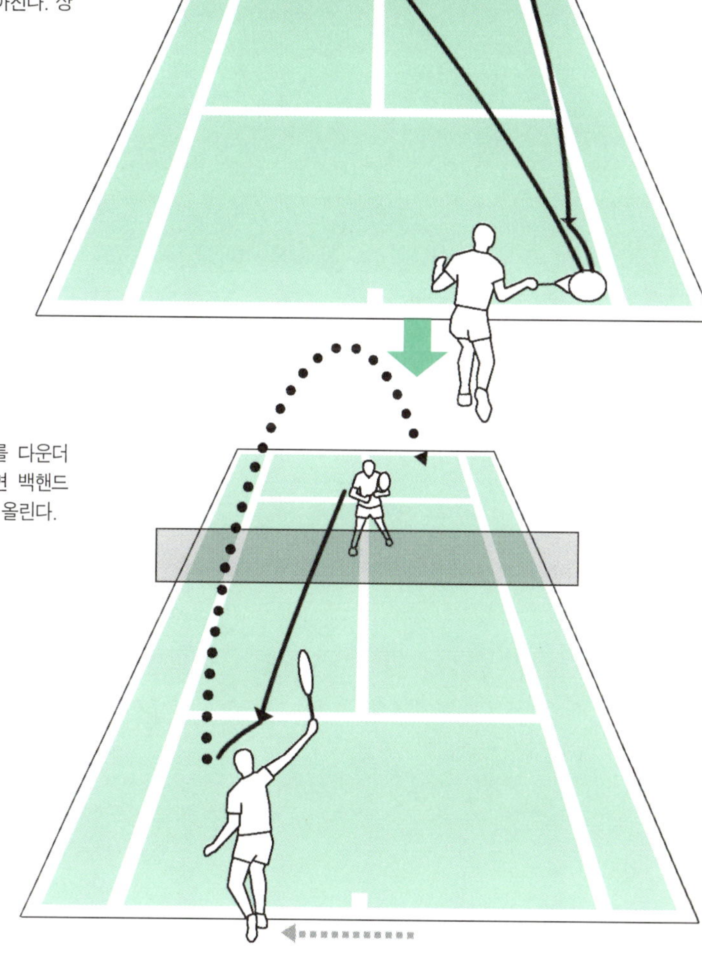

스윙 발리/테크닉

톱 스핀이 주류인 최근의 테니스에서 곧잘 이용되는 샷이 스윙 발리이다.
발리라기보다는 스트로크의 연장선에 있는 샷이라고 생각하면 된다.
특히 그라운드 스트로커가 자주 구사하는 샷이다.

포핸드의 경우

1
상대가 가격한 볼이 높게 바운드되면 재빠르게 앞으로 나간다.

2
자신이 볼을 가장 강하게 칠 수 있는 포지션에서 샷을 구사한다. 구사하는 요령은 스트로크 위닝 샷과 같다고 생각하면 된다.

3
폴로스루는 크게 하지만, 다음 샷에 대비해서 재빠르게 자세를 가다듬는다.

백핸드의 경우

1

백핸드의 경우는 양 손 타법 선수가 자주 이용한다.

2

라켓 헤드는 볼과 평행으로 하고 볼의 반동에 밀리지 않도록 임팩트 시에 힘을 확실하게 넣는다.

3

위닝 샷과 같은 요령으로 손목이 비틀리지 않도록 자연스러운 리스트 워크로 폴로스루한다.

볼이 떠올랐다고 해서 무리하게 어깨 높이에서 칠 필요는 없다. 가슴과 허리 사이로 볼이 떨어지는 것을 기다려 치는 것이 강력한 샷을 구사할 수 있는 방법이다. 그라운드 스트로커가 톱 스핀을 구사하는 요령으로 볼을 가격한다는 것을 기억해 두자.

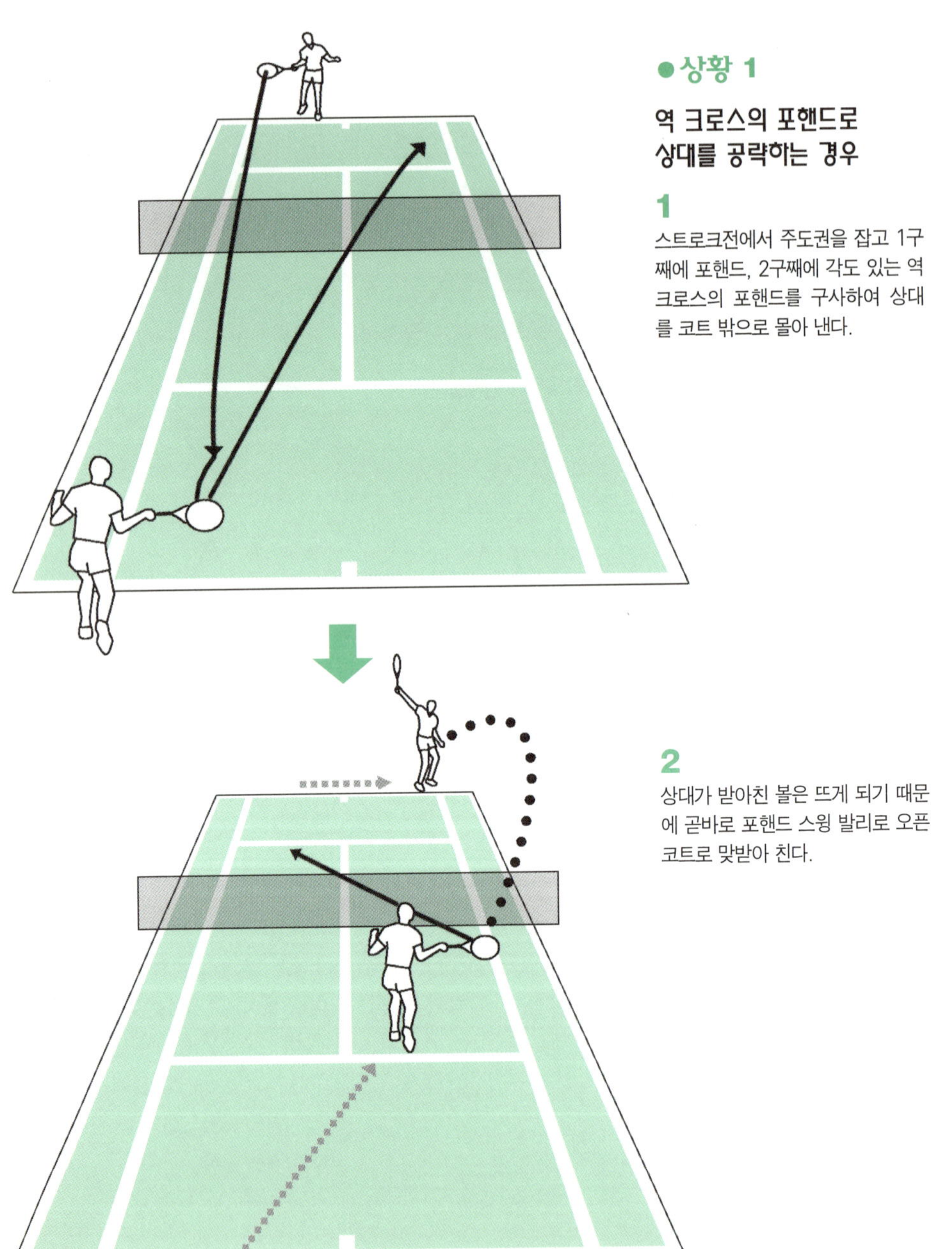

●상황 1

역 크로스의 포핸드로
상대를 공략하는 경우

1

스트로크전에서 주도권을 잡고 1구째에 포핸드, 2구째에 각도 있는 역 크로스의 포핸드를 구사하여 상대를 코트 밖으로 몰아 낸다.

2

상대가 받아친 볼은 뜨게 되기 때문에 곧바로 포핸드 스윙 발리로 오픈 코트로 맞받아 친다.

● 상황 2

포핸드 크로스로
상대를 공략하는 경우

1

크로스 랠리로 상대를 몰아 붙이면
상대가 루프 볼을 치게 된다.

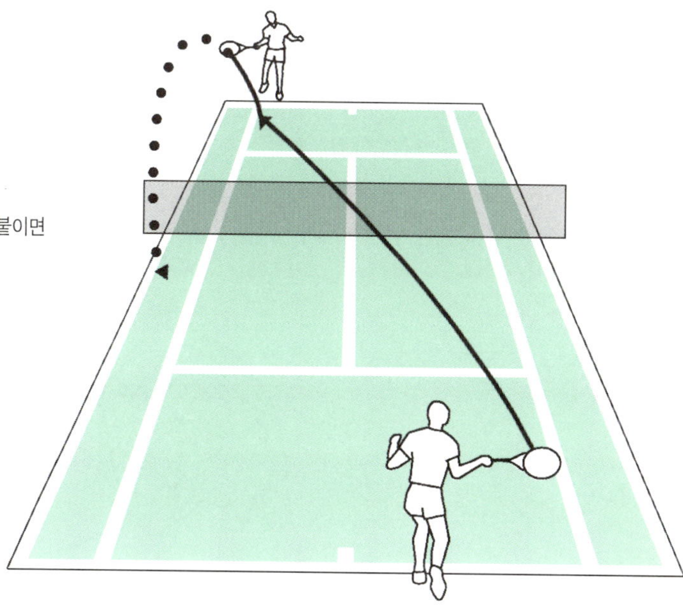

2

그럴 경우 크로스로 각도 있는 스윙
발리를 오픈 코트로 구사하여 상대
를 공략한다.

드롭 샷/테크닉

클레이 코트에서 경기할 때 자주 볼 수 있는 샷이다.
전·후방으로의 움직임을 싫어하는 선수나 여자 선수의 경기에서 특히 유효하다.
너무 빨리 자세를 취하게 되면 상대에게 자신이 구사할 샷이 간파당할 수 있으므로 그 점에 주의하자.

3
슬라이스 샷보다 언더스
핀을 강하게 걸어 회전
을 예리하게 한다.

야구에서 번트할 때처럼 라켓을
살짝 갖다 댄다는 느낌으로 임팩
트한다. 공격 방법을 상대에게 들
키지 않기 위해서 백핸드 슬라이
스로 어프로치 샷을 구사할 때의
자세로 가격하는 것이 유효하다.

1

어프로치 샷과 같은 요
령으로 상대에게 자신의
샷을 들키지 않도록 자
세를 취한다.

2

임팩트 시에는 편한 마
음으로 자신의 감각을
흐트러뜨리지 않도록 하
는 것이 중요한 포인트
이다.

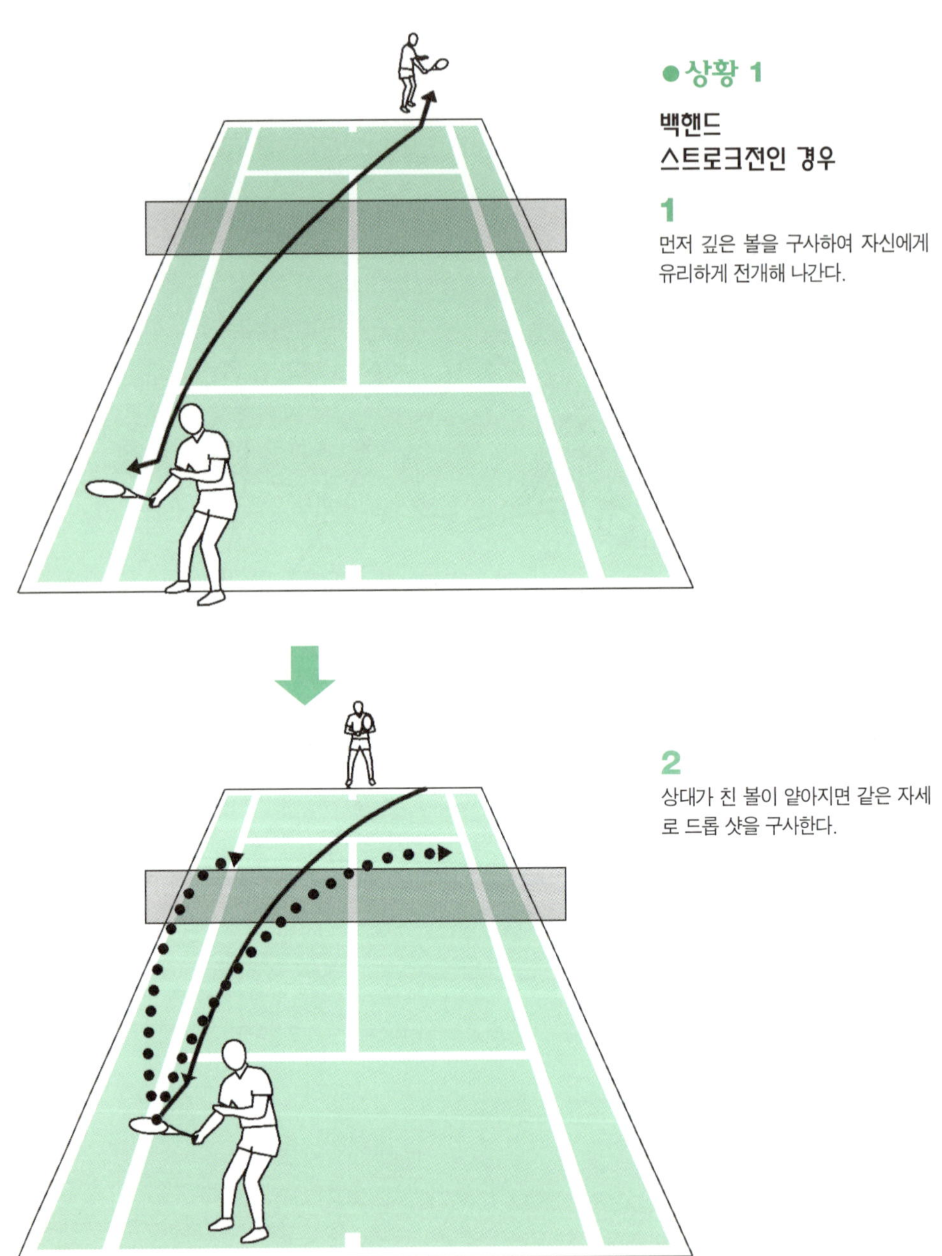

●상황 1

백핸드
스트로크전인 경우

1

먼저 깊은 볼을 구사하여 자신에게
유리하게 전개해 나간다.

2

상대가 친 볼이 얕아지면 같은 자세
로 드롭 샷을 구사한다.

● 상황 2

상대가 드롭 샷을
구사한 경우

1

백핸드 슬라이스 스트로크전에서 상
대가 먼저 백핸드 슬라이스 자세로
드롭 샷을 구사한다.

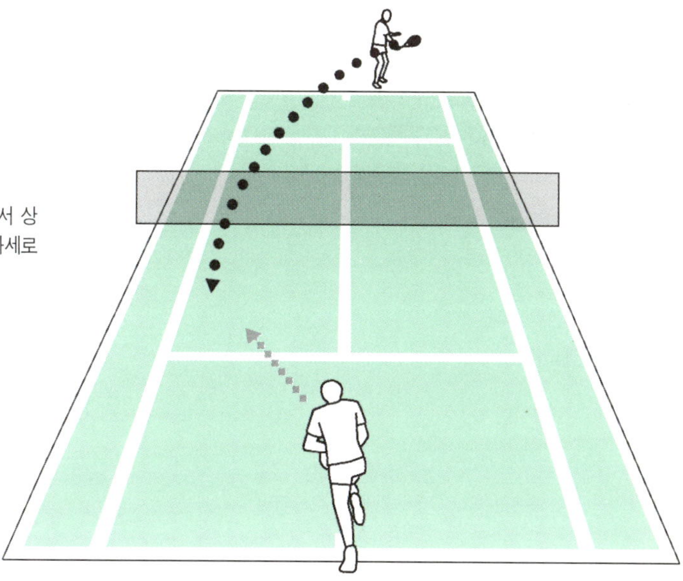

2

앵글 또는 다운더라인으로 드롭 샷
을 구사한다. 그 다음, 예리한 움직
임으로 리커버리를 하는 것이 중요
하다.

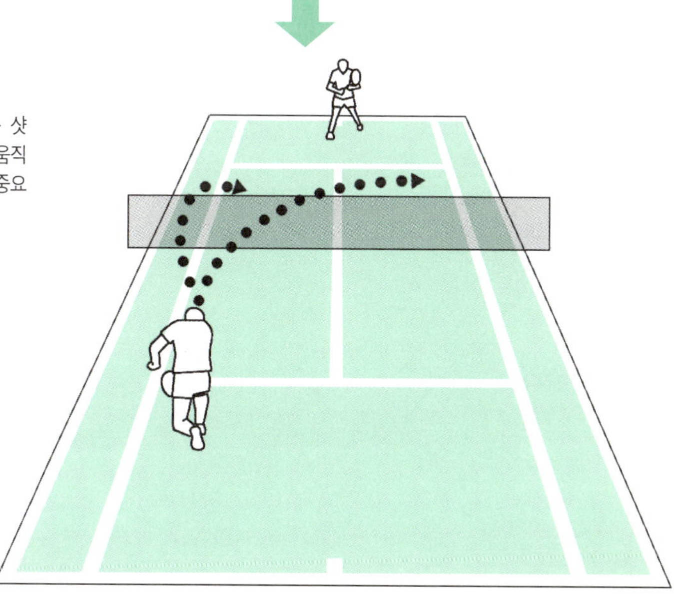

파워풀!
포핸드 플랫 드라이브 샷

결정적인 순간에 적극적으로 플랫 드라
이브 샷을 구사하는 점이 창의 특기이
다. 재빠른 풋워크를 구사하는 끈기와
공격적인 성향 등 배울 점이 많다.

5·6

폴로스루 시에는 몸을
180°가까이 비틀어서
라켓을 크게 휘두른다.
마무리에서의 체중은 완
전히 왼발에 실려 있다.

4

임팩트 순간은 양 발 모
두 지면에서 떨어져 충
분한 리프트 업을 할 수
있다.

1

축이 되는 오른발을 몸 밖으로 내 디디고, 비튼 몸을 풀어주는 힘을 이용하기 쉽게 오픈 스탠스를 취한다.

2

무릎을 적당히 구부려 하반신을 낮춤으로써 스윙을 안정시키고, 임팩트 시에 충분한 힘을 볼에 가할 수 있는 자세를 취한다.

3

허리에서부터 가슴 사이에 타점을 정하고 몸의 비틀기를 이용하면서 라켓을 앞으로 밀어 낸다.

P O I N T

- 오픈 스탠스를 취한다.
- 무릎을 적당히 구부린다.
- 몸 전체를 이용한다.
- 왼발로 체중을 이동시키고 크게 폴로스루를 한다.
- 풋워크는 재빠르게.

안정감 있는 자세로
임팩트의 반발력을 최대한 살린다

다테에게서 배울 점은, 극히 간결한 스윙으로 타점을 정하고 안정된 자세로 완벽한 임팩트를 한다는 것이다. 자세를 전혀 흐트러뜨리지 않고 머리 중심을 축으로 라켓을 1회전시킨다. 가장 좋은 타이밍으로 임팩트의 반발력을 최대한 살려 낸다.

5

무릎을 유연하게 사용해서 몸을 회전시키지만, 머리의 위치는 거의 움직이지 않는다는 점에 유의하자.

4

몸을 회전시키면서 라켓을 뒤쪽에서부터 밀어 내어 볼을 맞춘다.

6

무릎은 볼을 가격하고 난 후에 펴 준다.

1

라켓을 몸앞에 두고 좁은 보폭으로 볼과의 거리를 조절하면서 타점을 정한다.

2

간결한 테이크 백으로 볼을 가격할 준비에 들어간다.

3

가격할 타이밍을 예측하면서 오른발을 내디딘다.

예리한 회전축으로 서브를
튀기듯 받아치는 블록 리턴

안드레 아가시의 리시브는 오른팔과 왼팔을 한데
모아 단번에 스윙을 한다는 것이 특징이다. 마지막
까지 확실한 스윙을 구사하는 데도 스윙이 커 보이
지 않고, 힘이 들어간 것 같지도 않아서 여유까지
느끼게 된다. 리스트 워크라고 하기보다는 머리를
스윙의 축으로 해서 확실하게 앞으로 휘두른다는
것을 염두에 두자. 라켓 헤드의 스피드가 신속하기
때문에 스윙 자체가 블록의 역할을 하고 있다.

4

한데 모은 오른팔과 왼
팔을 단번에 휘두른다.
왼팔을 쭉 펴서 완전한
스윙을 한다.

5

몸의 축은 조금도 움직이
지 않는다.

6

완전한 스윙을 한 다음
라켓을 메듯이 오른쪽 어
깨로 폴로스루를 한다.

1

양 손 타법의 기본적인
그립으로 허리를 낮춰
중심을 낮게 잡는다.

2

처음 취한 자세를 흐트
러뜨리지 않고 라켓을
앞쪽으로 휘두른다.

3

오른손의 당김과 왼손의
밀어내기를 일치시켜 팔
의 자세를 흐트러뜨리지
않는다.

유연함과 여유 있고 예리한 리스트 워크 서비스

샘프라스의 서비스는 몸 전체의 유연함과 예리하게 돌아가는 손목운동이 특징이다. 팔꿈치가 선행하는 형식의 테이크 백으로 가슴을 넓게 펴고 라켓 헤드를 내리고 나서 볼을 강하게 가격하기 때문에 서비스에 상당한 힘이 실린다. 또, 임팩트 후의 예리하고 유연한 리스트 워크가 강력한 서비스가 가능하도록 하고 있다. 유연하고 예리한 리스트 워크는 힘을 과다하게 넣지 않고 긴장을 완화시킴으로써 가능하게 된다.

6

예리하고 유연한 리스크 워크를 한다.

5

임팩트 시에는 볼의 좌측을 가격한다는 생각으로.

4

스윙 궤도는 귀 근처를 통과하도록 한다.

1

마음을 편하게 하고 팔
꿈치를 선행시켜서 테이
크 백을 한다.

2

가슴을 넓게 펴고 테이
크 백을 크게 한다.

3

라켓 헤드를 충분히 낮
추어 볼을 강하게 가격
한다.

리드미컬한 풋워크로 구사하는 포핸드 플랫 드라이브 샷

리드미컬한 풋워크로 높은 타점에서 플랫 드라이브 샷을 구사하는 그라프. 위력 있는 이 샷으로 상대를 단번에 제압할 수 있다. 높은 타점에서 가격하고 있으나 아래쪽에서 위쪽으로의 기본적인 스윙은 많은 사람들이 따라하고 있다. 폴로스루 시에는 볼을 앞으로 밀어내듯이 크게 하고, 팔꿈치를 머리 높이까지 올림으로써 볼컨트롤을 깊게 할 수 있다.

6

오른쪽 팔꿈치를 머리 높이까지 올려서 마무리한다.

5

오른쪽에서 왼쪽으로의 스윙이기 때문에 몸의 중심에서 머리 위로 가도록 라켓의 궤도를 그린다.

4

임팩트를 하고 나면 볼을 앞으로 밀어 내듯이 폴로스루를 크게 할 수 있도록 한다.

1

라켓 헤드는 세우고 높은 타점에서 임팩트를 노린다.

2

손목의 긴장을 풀어 두도록 한다.

3

상체를 뒤로 젖혀서 임팩트를 준비한다.

P O I N T

- 라켓 헤드를 세워서 테이크 백.
- 상체는 크게 뒤로 젖힌다.
- 높은 타점에서 볼을 가격한다.
- 라켓은 몸의 중심으로 휘둘러 올린다.
- 오른쪽 팔꿈치를 머리 위로 올려서 마무리.

다운 스윙으로 회전을 강하게 넣은 백핸드 슬라이스 샷

1
테이크 백에서는 라켓을
크게 휘둘러서 임팩트에
대비한다.

2
라켓을 휘둘러 내리는
순간의 라켓 헤드는 위
를 향하고 있다.

3
라켓 한가운데에 볼이
맞게 한 후 라켓을 아래
방향으로 크게 가져가
볼에 회전을 넣는다.

P O I N T

- 테이크 백은 크게.
- 임팩트 전에는 라켓 헤드를
  세운다.
- 임팩트와 같이 크게 휘둘러
  올린다.
- 폴로스루는 아래에서 위로
  크게 한다.
- 라켓을 머리 위쪽으로 올리
  면서 마무리한다.

라켓의 궤도를 상당히 크게 한 다운 스
윙으로 회전을 강하게 넣어서 안정성과
컨트롤을 갖춘 슬라이스 샷을 구사하는
선수가 사바티니이다. 그라프의 플랫성
의 슬라이스 샷과는 달리 회전량이 많
은 샷이다.

4

폴로스루는 아래에서 위
로 크게 한다.

5 · 6

최종적으로는 어깨 위치
에서 라켓 헤드가 완전히
머리 위로 오도록 한다.

오픈 스탠스로 몸의 축을 옆회전에 이용한 백핸드 샷

이 샷은 힝기스가 가장 잘 구사하는 주무기이다. 발을 내디딘 상태에서도, 오픈 스탠스의 상태에서도 구사할 수가 있고, 특히 다운더라인 쪽으로 보내는 백핸드 샷은 힝기스를 따라갈 선수가 없다.

4·5

손목을 비틀지 말고 그대로 폴로스루.

6

머리 뒤까지 마무리한다. 왼쪽 발은 떠 있으나 오른쪽 발로 몸 전체를 받치고 있다.

라켓 헤드를 세워서 테
이크 백한다.

라켓 헤드를 내린다. 긴
장을 풀고 있으면 자연
스럽게 내려간다.

팔꿈치를 조여서 임팩트
한다.

P O I N T

- ●테이크 백에서 라켓을 세운다.
- ●테이크 백부터 마무리까지
  긴장을 푼다.
- ●임팩트 시 팔꿈치를 확실히
  조인다.
- ●손목은 비틀지 않는다.
- ●등에 닿을 정도로 라켓을 뒤
  로 가져간다.

밸런스가 뛰어난
백핸드 발리의 본보기

여자 선수 중에서는 보기 드문 서비스 & 발리를
자기의 플레이 스타일로 하는 선수가 노보트나이
다. 밸런스가 좋고, 힘 있는 백핸드 발리이다. 임팩
트 순간 왼손을 뒤로 뺌으로써 라켓 스윙의 스피드
를 높이고 있는 것이 포인트이다.

4

왼손을 뒤로 빼고 가슴
의 탄력을 이용하여 라
켓 스윙을 빠르게 한다.

5

자세가 흐트러지지 않도
록 오른발로 밸런스를
잡는다.

P O I N T

- 볼보다 높게 테이크 백.
- 언더컷이 아니라 볼을 미는
  느낌으로 임팩트.
- 임팩트에서는 스탠스를 넓게.
- 왼손을 뒤로 빼고 가슴의
  탄력으로 라켓 스윙을 빠르
  게 한다.
- 몸 전체의 축을 확실히 잡
  는다.

지미 코너스의 백핸드 샷

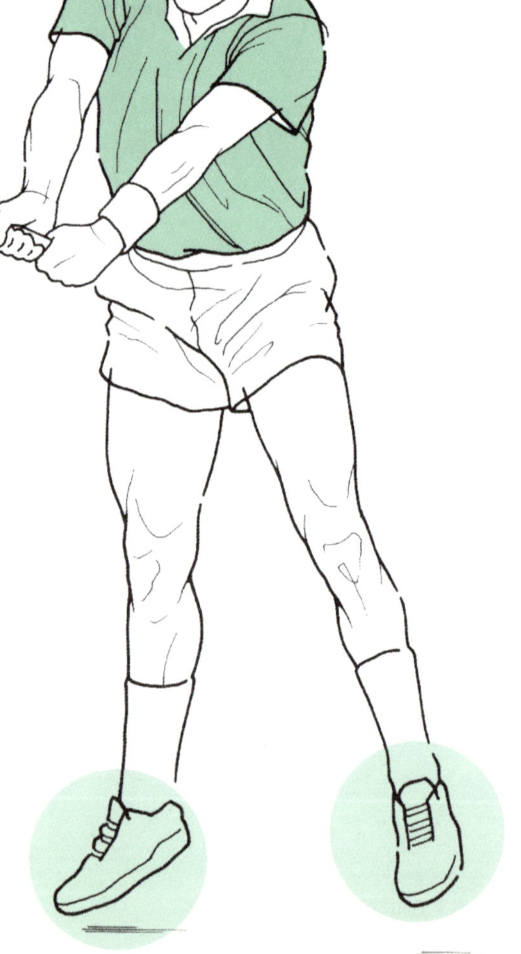

전신을 이용한 공격적이고 파괴력 있는 샷

과거 세계 최고의 테니스 선수로 알려 진 지미 코너스의 테크닉 중에서도 특 히 강조하고 싶은 것은 양 손 타법의 견 고한 플랫 백핸드 샷이다. 엄청나게 빠 른 타구는 볼이 코트의 어디로 떨어졌 는지 조차 보이지 않을 정도였다. 항상 전신의 힘을 이용한 샷을 구사하기 때 문에 임팩트 순간에는 반드시라고 해도 좋을 정도로 양 발이 지면에서 떨어진 다. 그 결과 백핸드로도 단번에 상대를 굴복시킬 수가 있는 강력한 샷을 구사 할 수가 있는 것이다.

비욘 보그의 백핸드 샷

강력한 톱 스핀의 끈기 있는 샷

윔블던 5연패, 프랑스 오픈에서 6회 우승한 비욘 보그의 양 손 타법 백핸드는 톱 스핀이 강하게 걸린 백핸드 샷이 특징이다. 코너스가 공격적인 반면 보그의 샷은 방어적이라고 말할 수 있다. 그러나 이 백핸드 샷에 의해서 백 코트에서의 끈기 있는 랠리와 톱 스핀이 걸린 각도 있는 패싱샷을 가능하게 한다.

BJORN BORG

1956년 6월 6일생
스웨덴
180cm 75kg 오른손잡이
한 손 타법 포핸드, 양 손 타법 백핸드
그라운드 스트로커
그랜드 슬램 대회 11회 우승

피트 샘프라스의 파워 발리

여유를 가지고 다음 전개 상황을 생각한 샷

경기 중에 여유를 갖는다는 것은 간단
하지 않다. 높게 바운드된 볼에 마음이
들뜨는 것은 이해할 수 있으나 초조함
은 금물이다. 샘프라스의 하프 발리에
는 과다한 힘이 들어가 있지 않다. 게다
가 상대를 전후좌우로 움직이게 하여
경기를 유리한 방향으로 전개시키는 방
법을 알고 있다. 낮은 자세로 마음의 여
유를 가지고 다음의 전개 상황을 생각
한 볼 처리는 훌륭하다고 할 만하다.

PETE SAMPRAS

1971년 8월 12일생
미국
185cm 77kg 오른손잡이
포핸드, 백핸드 모두 한 손
타법
올라운드 플레이어
그랜드 슬램 대회 11회 우승

슈테피 그라프의 플랫 포핸드 샷

동작이 큰 폴로스루로 파워 업시킨 샷

그라프의 포핸드 플랫 샷에는 상대를 단번에 제압시킬 정도의 위력이 있다. 볼컨트롤을 깊게 하기 위해서 특히 폴로스루에서는 라켓을 크게 휘둘러 올림으로써, 기본적인 스윙 궤도를 취하면서도 볼을 보다 더 파워 업시켜 위력 있는 샷으로 만든다.

STEFFI GRAF

1969년 7월 14일생
독일
175cm 59kg 오른손잡이
포핸드, 백핸드 모두 한 손 타법
그라운드 스트로커
그랜드 슬램 대회 21회 우승
(88년 그랜드 슬램 달성)
88년 서울 올림픽 우승

마르티나 힝기스의 백핸드

몸의 축이 흔들리지 않는 안정감 있는 샷

양 손 타법 백핸드 샷을 주특기로 하는 힝기스이지만, 눈에 띄는 점은 어떠한 상황에서도 몸의 밸런스를 잃지 않는다는 점이다. 스탠스를 넓게 하고, 오픈 스탠스에서도 클로스 스탠스에서도 무리 없이 축 회전의 움직임으로 어느 곳으로도 볼컨트롤이 가능하기 때문에 상대를 우왕좌왕하게 만들 수 있다.

MALTINA HINGIS

1980년 9월 30일생
스위스
167cm 52kg 오른손잡이
포핸드는 한 손 타법, 백핸드
는 양 손 타법
올라운드 플레이어
그랜드 슬램 대회 4회 우승

모니카 셀레스의 백핸드

리치를 희생시킨 하이 스피드 샷

왼손잡이인 셀레스의 백핸드에서의 특징은 왼쪽 팔꿈치와 오른쪽 팔꿈치를 충분하게 몸쪽으로 끌어 들여서 더욱 더 스피드 업시킨다는 점이다. 팔꿈치를 밀착시킴으로써 회전의 반경을 짧게 하여 회전 속도를 빠르게 하고 있는 것이다. 리치가 좁아짐으로 생기는 불리함을 재빠른 풋워크로 커버함으로써 스피드와 파워가 넘치는 백핸드 샷을 보여 준다.

MONICA SELES

1973년 12월 2일생
미국
179cm 65kg 왼손잡이
포핸드, 백핸드 모두 양 손 타법
그라운드 스트로커
그랜드 슬램 대회 8회 우승

보리스 베커의 포핸드 샷

오른쪽에서 왼쪽으로 휘어지는 샷

베커는 서비스 & 네트 플레이를 주특
기로 하는 공격적인 선수이지만, 클레
이 코트에서 성장해 왔기 때문에 스트
로크, 특히 패싱 샷이 일품이다. 강한
리스트 워크를 갖춘 선수로 야구에서
투수가 커브를 던지듯이 오른쪽에서 왼
쪽으로 휘어지는 볼을 구사할 수가 있
다. 특히 네트 플레이어와의 대결에 있
어서 강하면서도 부드러운 리스트 워크
를 이용하여 코트 밖에서 감아 치는 패
싱 샷을 구사할 수 있다는 점도
베커의 특징이다.

BORIS BECKER

1967년 11월 22일생
독일
190cm 85kg 오른손잡이
포핸드, 백핸드 모두 한 손
타법
올라운드 플레이어
그랜드 슬램 대회 6회 우승

존 맥켄로의 커브 & 드롭 발리

퍼스트 발리를 드롭 발리로 구사하는 볼 터치

맥켄로에 대해서 강조해야 할 점은 어느 선수보다도 훌륭한 볼 터치에 있다. 그것은 태어나면서부터 가지게 된 재능이라고 밖에 말할 수 없다. 맥켄로는 아주 민첩한 선수로 재빠른 풋워크가 특징이다. 또한, 밸런스 감각도 우수하다. 자신있는 서비스 & 발리에서도 때로는 퍼스트 발리를 드롭 발리로 구사하기도 한다. 네트를 향해 몸을 움직이고 있으면서도 볼을 가격하는 타이밍을 잃지 않는 것은 그만이 가진 재능이다.

JOHN McENROE

1959년 2월 16일생
미국
178cm 75kg 왼손잡이
포핸드, 백핸드 모두 한 손
타법
네트 플레이어
그랜드 슬램 대회 7회 우승

양 손 타법 선수의
실력 향상 포인트

**머리를 써서
테크닉을 구사한다**

포핸드, 백핸드 양 손 타법 선수에게 있어서 중요한 조건은 독창력을 가지고 코트를 넓게 쓰고, 다양한 테크닉을 구사하여 상대방을 많이 움직이게 할 수 있는가 하는 점이다.

셀레스 등 강력한 샷을 구사하여 세계 일류 선수가 된 예가 있지만, 일반적으로 양 손 타법 선수는 신체적으로 불리한 점을 양 손으로 커버하고 있는 것에 불과한 경우가 많다. 따라서 상대가 구사한 샷에 대응하여 다음에 어떤 샷을 구사하면 좋을지 등을 생각하는, 이른바 머리를 쓰는 테니스가 요구되는 것은 수준이 높아짐에 따라 반드시 필요한 조건이 된다고 하겠다. 그러기 위해서는 양 손 타법 선수에게도 한 손 타법 선수와 마찬가지로 올라운드 플레이어에게 요구되는 한 손 백핸드 슬라이스나 발리 등이 필수 불가결한 요소이다.

양 손 타법은 리치가 좁아진다는 단점이 있지만, 반대로 볼을 강하게 구사할 수 있는 범위는 한 손 타법보다도 넓다는 장점도 가지고 있다. 그러한 조건이나 장점을 항상 염두에 두고 경기를 진행하는 것이 양 손 타법 플레이어에게는 필요한 점이다.

양 손 타법의 약점을 극복한다

약점 1

어깨보다 높은 위치에서의 샷은 팔의 움직임이 부자연스럽기
때문에 강력한 샷을 구사하기 어렵다.

점프 샷을 언제나 구사할 수 있도록 한다

약점 2

낮게 미끄러지는 슬라이스 볼에 대해서 라켓 조작이 어렵고
공격이 끊겨 버린다.

슬라이스 샷 기술을 익힌다

약점 3

한 손 타법 발리로 전환하면 백핸드 발리 시 힘 조절이 어렵다.

긴장을 풀고 펀칭 발리를 익힌다

약점 4

포핸드 사이드로 서비스를 집중시킬 수 있다.

**양 손 타법 블록 샷이나 한 손
타법에서의 기술을 습득한다**

CHAMPION 1980~1998

	〈MAN〉	〈WOMAN〉
1980	B.보그	E.G콜리
1981	J.맥켄로	C.E.로이드
1982	J.코너스	M.나브라틸로바
1983	J.맥켄로	M.나브라틸로바
1984	J.맥켄로	M.나브라틸로바
1985	B.베커	M.나브라틸로바
1986	B.베커	M.나브라틸로바
1987	P.캐시	M.나브라틸로바
1988	S.에드버그	S.그라프
1989	B.베커	S.그라프
1990	S.에드버그	M.나브라틸로바
1991	M.스테피	S.그라프
1992	A.아가시	S.그라프
1993	P.샘프라스	S.그라프
1994	P.샘프라스	C.마르티네스
1995	P.샘프라스	S.그라프
1996	R.크라이첵	S.그라프
1997	P.샘프라스	M.힝기스
1998	P.샘프라스	J.노보트나

U.S. OPEN SINGLES

CHAMPION 1980~1998

	〈MAN〉	〈WOMAN〉
1980	J.맥켄로	C.E.로이드
1981	J.맥켄로	T.오스틴
1982	J.코너스	C.E.로이드
1983	J.코너스	M.나브라틸로바
1984	J.맥켄로	M.나브라틸로바
1985	I.렌들	H.만드리코바
1986	I.렌들	M.나브라틸로바
1987	I.렌들	M.나브라틸로바
1988	S.빌란데르	S.그라프
1989	B.베커	S.그라프
1990	P.샘프라스	G.사바타니
1991	S.에드버그	M.셀레스
1992	S.에드버그	M.셀레스
1993	P.샘프라스	S.그라프
1994	A.아가시	A.산체스
1995	P.샘프라스	S.그라프
1996	P.샘프라스	S.그라프
1997	P.라프터	M.힝기스
1998	P.라프터	L. 대번포트

전략편

테크닉만으로는 시합에서 승리할 수 없다

기술적인 향상을 달성했더라도
실제의 경기에서 그 기술을 확실하게
발휘할 수가 없다면 의미가 없다.
몸에 익힌 기술이나 자신 있는 플레이 스타일을
어떻게 경기 중에 응용할 것인가를 생각하는
것이 테니스 경기에서의 전략이다.
자신 있게 구사할 수 있는 샷을
자주 사용하기 위해서는 어떤 공격법을
택하면 되는가? 혹은 자신이 가장 싫어하는
샷에 대해서 상대는
어떤 공격법을 취하고 있는가?
머리를 쓰는 테니스야말로 보다 확실한
실력 향상으로 연결되는 지름길이다.

시합에서 승리하기 위해서 상대방을 많이 움직이게 한다

테니스에서는 상대를 보다 많이 움직이게 하는 쪽이 승리한다는 것은 주지의 사실이다. 몸을 움직이면서 샷을 할 경우에는 아무래도 안정감이 떨어지고, 체력이 급격하게 소모되기 때문이다. 스트로크전에서는 상대의 빈 공간, 즉 오픈 스페이스로 공략하여 먼저 상대를 전후좌우로 움직이도록 하는 것이 경기를 유리하게 전개시킬 수 있는 방법이다. 서비스도, 발리도 오픈 스페이스로 공략하는 것이 철칙이다.

구체적으로 스트로크전에서는 같은 장소에 같은 구질의 볼을 3번 이상 계속해서 구사하지 않는 것이 바람직하다. 상대에게 공격의 기회를 주게 되기 때문이다.
샷에 변화를 주면 상대에게 부담을 주기 때문에 다양한 테크닉을 몸에 익히는 것이 중요하다. 샷에 변화를 주어 상대방의 무리한 플레이를 유도할 수 있다.

무리한 플레이로 언제나 공격을 성공시킬 수는 없기 때문에 상대방의 플레이를 그러한 방향으로 유도할 수 있다면 필연적으로 승리할 수 있는 경기 진행이 될 수 있다.

공수의 밸런스

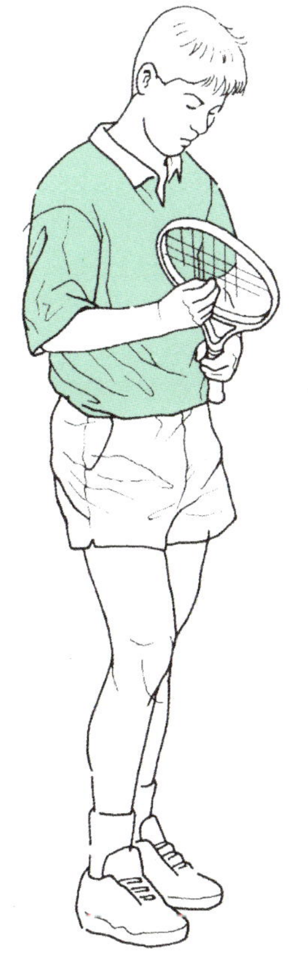

어떠한 스포츠에서도 마찬가지이지만, 경기에서는 항상 적극적인 자세로 임하는 것이 중요하다.

그러나, 적극적인 자세의 표현이 「공격」만으로 일관된다면 경기는 유리하게 전개되지 않는다. 때로는 「수비」를 하지 않으면 안 되는 경우도 있는 것이 스포츠이다. 세계적인 선수인 아가시나 그라프도 바로 지금이다 할 때 처음으로 공격을 개시한다. 경기의 흐름이 자신에게 불리할 경우, 무리한 공격에 들어가지 않고 인내하는 것이다. 인내를 요하는 때를 정확히 파악한다는 것은 간단하지는 않지만, 이 「수비」의 비중이 밸런스를 유지하는 데 상당히 중요하게 작용한다.

예를 들면 어드밴티지 사이드에서 코트 밖으로 나왔을 경우에는, 느린 페이스의 슬라이스 샷으로 크로스 코트로 볼을 쳐내고 자세를 일정하게 유지하는 것도 「수비」의 한 예이다.

경기가 자신에게 유리하게 전개되고 체력에 여유가 있을 경우에는 「수비」에 대해서 그다지 주의를 기하지 않게 된다. 그렇지만, 공격 일변도로는 경기 전체의 흐름을 불리하게 만드는 경우가 있다. 전체의 밸런스는 공격 대 수비의 비율이 7 : 3 정도가 적당하다는 것을 염두에 두자. 경기 경험을 많이 쌓아 가면 이 공수의 밸런스의 중요성을 깨닫게 될 것이다.

서비스 게임 지키기

경기를 적극적으로 진행시키기 위해서는 우선 자신의 서비스 게임을 지키는 것이 중요하다. 예를 들면 30:30, 듀스 등 포인트가 서로 같은 경우에는 상대방이나 자기 자신 모두 긴장하게 된다. 이러한 상황에서는 상대의 그러한 약점을 역으로 찌르는 서비스로 부담을 주는 것이 필요하다.

또한, 자신의 게임 포인트일 경우에는 상대는 적극적인 플레이를 염두에 두고 있기 때문에 서비스 에이스를 노린다든지, 서비스 & 발리의 작전으로 자기 자신도 적극적인 플레이를 하도록 한다. 한 패턴으로만 서비스를 하게 되면 자신의 플레이를 상대가 읽어 내기 때문에 서비스에 변화를 주는 것도 중요한 포인트이다.

서비스 브레이크

자신이 리시버인 경우에는 상대가 게임의 주도권을 쥐고 있기 때문에 상대가 넣은 서비스에 대한 대책을 가장 먼저 생각하는 것이 중요하다. 그리고 빠른 타이밍으로 주도권을 잡거나, 적어도 상대와 동등한 상황으로 전개하도록 하자. 퍼스트 서비스의 리턴은 센터의 깊은 곳으로 보내도록 하자. 센터로 보내는 것이 실수를 줄일 수 있기 때문이다. 마이클 창의 경우 65% 정도를 센터로 쳐내고 있는 것을 알 수 있다.

세컨드 서비스는 상대가 신중해지므로 보다 적극적으로 공략하는 것이 좋다. 그리고 상대의 약점을 이용해서 자신에게 유리하도록 이끌어 간다. 브레이크포인트를 잡으면 포핸드로 공략하고, 리시브 & 대시로 공격하는 등의 작전으로 보다 적극적으로 경기를 진행하도록 한다.

서비스 & 발리 전략

서비스를 넣은 후 곧바로 앞으로 나가서 네트 플레이를 구사하는 전략.
상대의 리턴 코스와 오픈 스페이스를 만들지 않기 위해서 재빠른 풋워크가 필요하다.

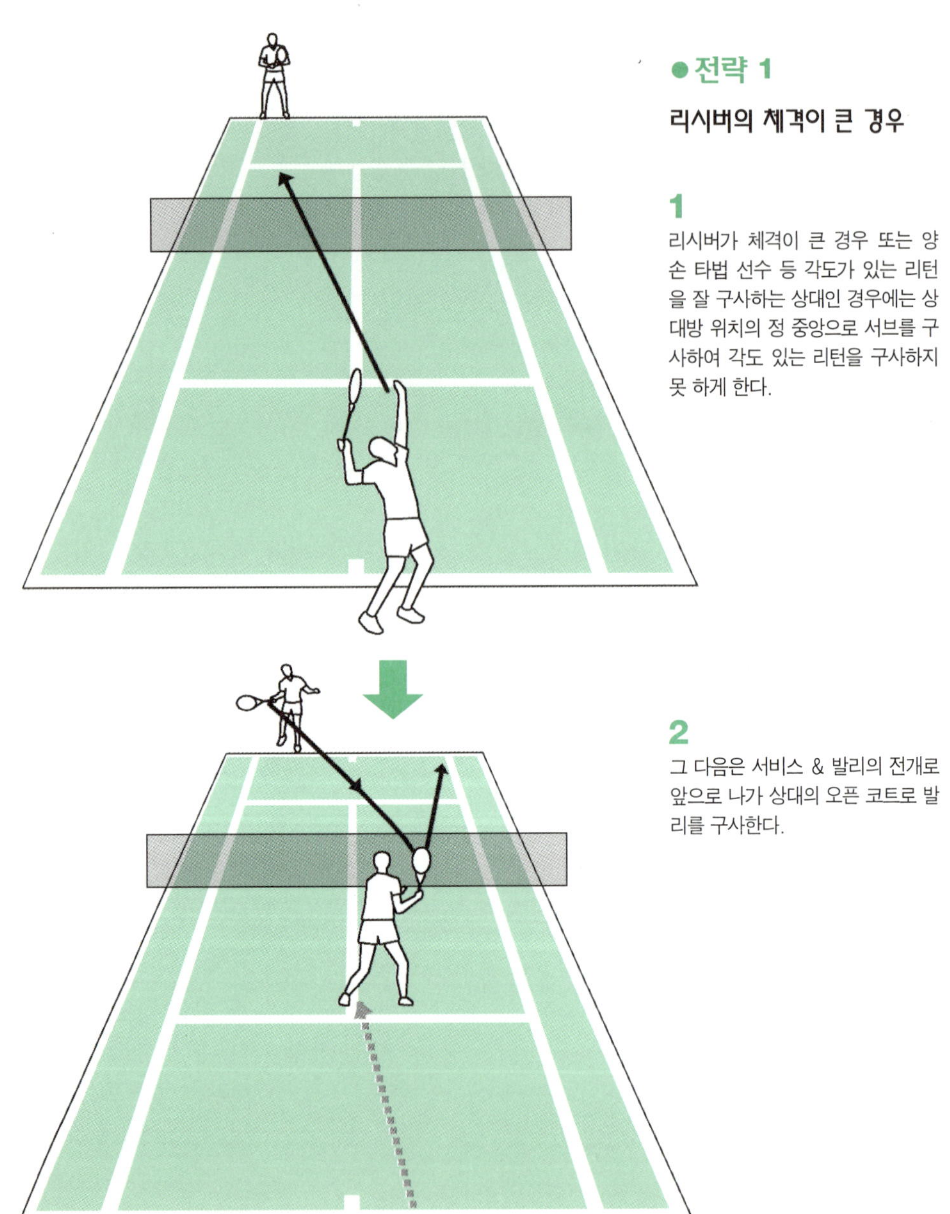

● 전략 1

리시버의 체격이 큰 경우

1

리시버가 체격이 큰 경우 또는 양
손 타법 선수 등 각도가 있는 리턴
을 잘 구사하는 상대인 경우에는 상
대방 위치의 정 중앙으로 서브를 구
사하여 각도 있는 리턴을 구사하지
못 하게 한다.

2

그 다음은 서비스 & 발리의 전개로
앞으로 나가 상대의 오픈 코트로 발
리를 구사한다.

리턴 코스가 퍼스트 발리의
위치로부터 먼 경우

1

상대의 리턴이 자신의 퍼스트 발리
포지션으로부터 먼 위치로 돌아온
경우에는 같은 방향으로 깊숙한 퍼
스트 발리를 구사하고 오픈 스페이
스를 만들지 않도록 한다.

2

다운더라인 쪽으로 발리를 깊숙이
보내고 상대가 받아 칠 수 있는 공간
을 좁게 한 후 되돌아온 볼은 오픈
코트쪽으로 발리한다.

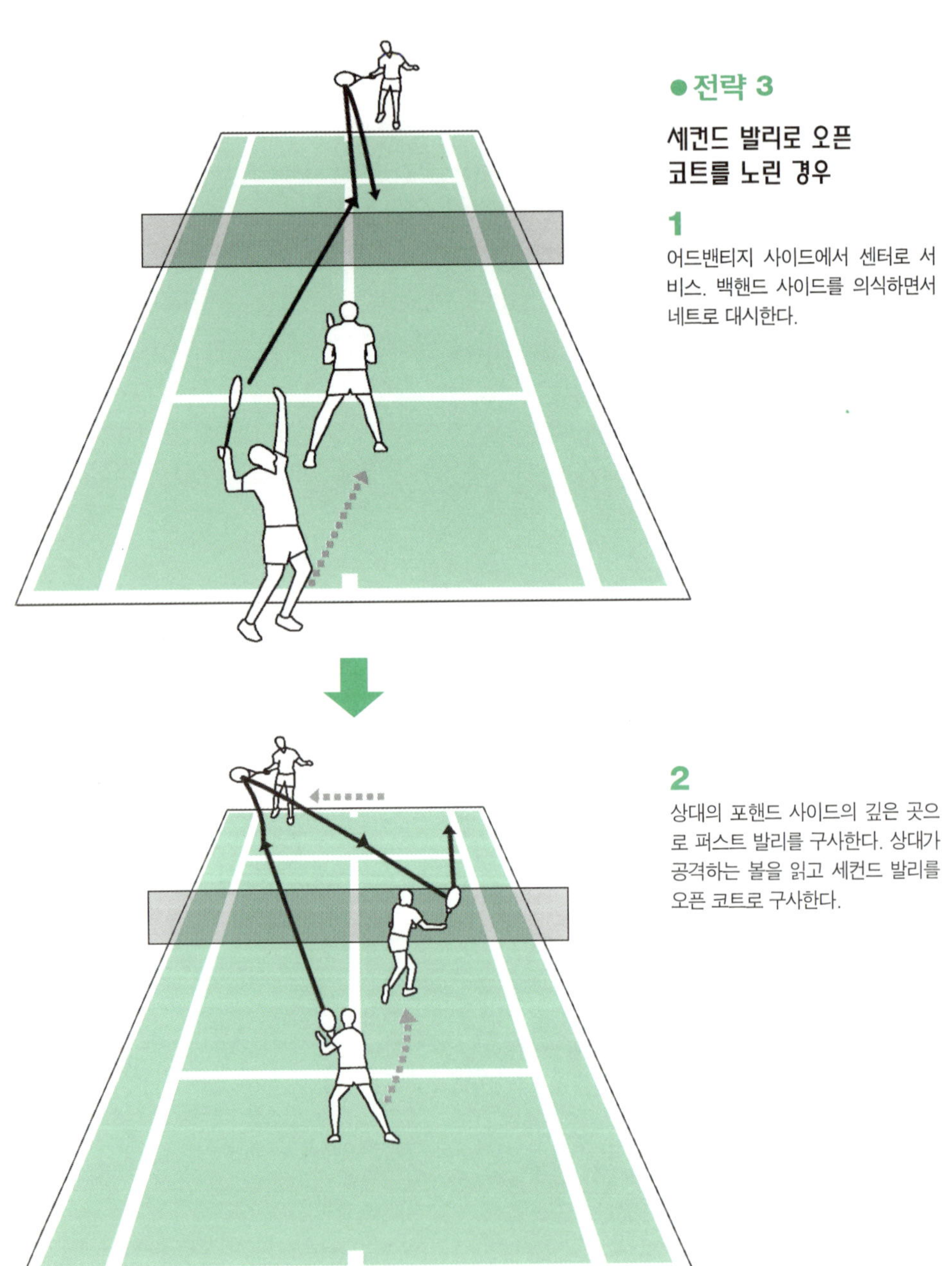

●전략 3

세컨드 발리로 오픈
코트를 노린 경우

1

어드밴티지 사이드에서 센터로 서
비스. 백핸드 사이드를 의식하면서
네트로 대시한다.

2

상대의 포핸드 사이드의 깊은 곳으
로 퍼스트 발리를 구사한다. 상대가
공격하는 볼을 읽고 세컨드 발리를
오픈 코트로 구사한다.

●전략 4

슬라이스 서브로 네트
대시하는 경우

1

슬라이스 서브를 구사하고 상대를
코트 밖으로 몰아 낸 후 서비스를
구사한 방향으로 네트 대시한다.

2

다운더라인 쪽을 의식하고 상대가
받아 친 볼을 오픈 코트로 퍼스트
발리를 전개한다. 발리를 전개한 방
향으로 다음 발리 포지션을 이동해
서 세컨드 발리를 오픈 코트로 보낸
다. 발리는 오픈 코트에 떨어뜨리는
것이 네트 플레이의 기본.

어프로치 & 네트 전략

상대의 리시브에 대해 네트로 대시하며 네트 플레이를 전개하는 전략.
상대 선수의 스타일에 따라 공략할 샷을 결정한다.

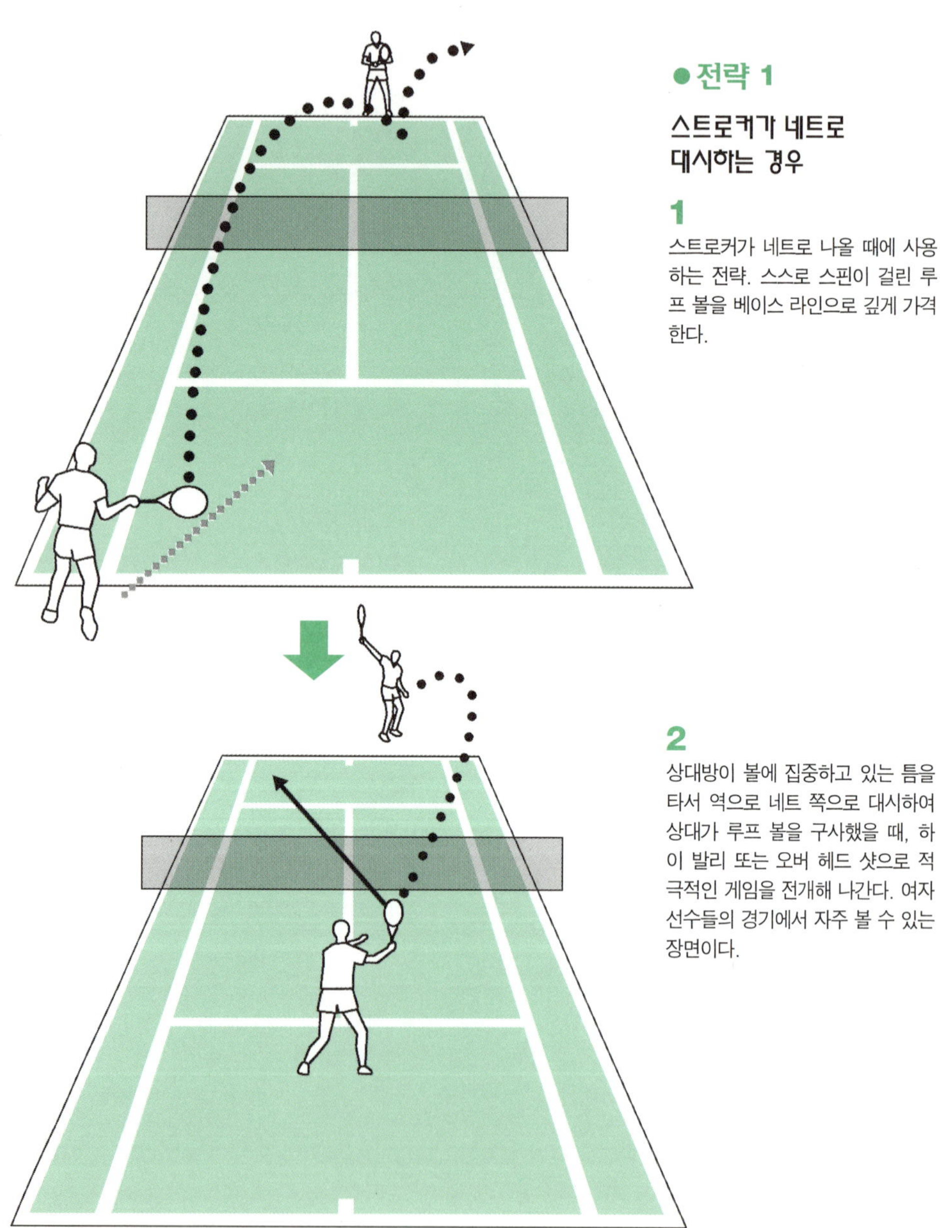

● 전략 1

스트로커가 네트로 대시하는 경우

1

스트로커가 네트로 나올 때에 사용하는 전략. 스스로 스핀이 걸린 루프 볼을 베이스 라인으로 깊게 가격한다.

2

상대방이 볼에 집중하고 있는 틈을 타서 역으로 네트 쪽으로 대시하여 상대가 루프 볼을 구사했을 때, 하이 발리 또는 오버 헤드 샷으로 적극적인 게임을 전개해 나간다. 여자 선수들의 경기에서 자주 볼 수 있는 장면이다.

상대가 양 손 타법
백핸드 플레이어인 경우

1

우선, 드롭 샷을 이용하여 네트로
대시한다. 이 경우는 상대가 양 손
타법 백핸드 플레이어로 스트로커
인 경우에 곧잘 이용하는 패턴이다.

2

상대는 한 손으로는 잘 응수할 수
없게 되므로 다음은 찬스 볼이 될
확률이 높아진다. 찬스 볼을 오픈
코트로 발리한다.

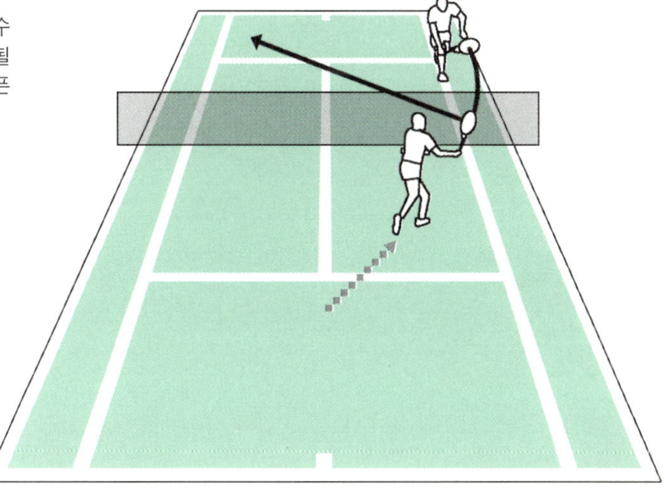

리시브 & 네트 전략

자신이 리시버인 경우의 네트 플레이 전략이다.
상대의 서비스를 어떤 식으로 받아 치면 네트 플레이로 이어갈 수 있을지를 판단하는 것이 중요한 포인트가 된다.

●전략 1

상대의 세컨드 서브 위력이 약한 경우

1

상대의 세컨드 서브가 듀스 사이드 뒤쪽의 처리하기 쉬운 곳으로 들어오면 센터의 깊은 위치로 어프로치 샷을 구사한다.

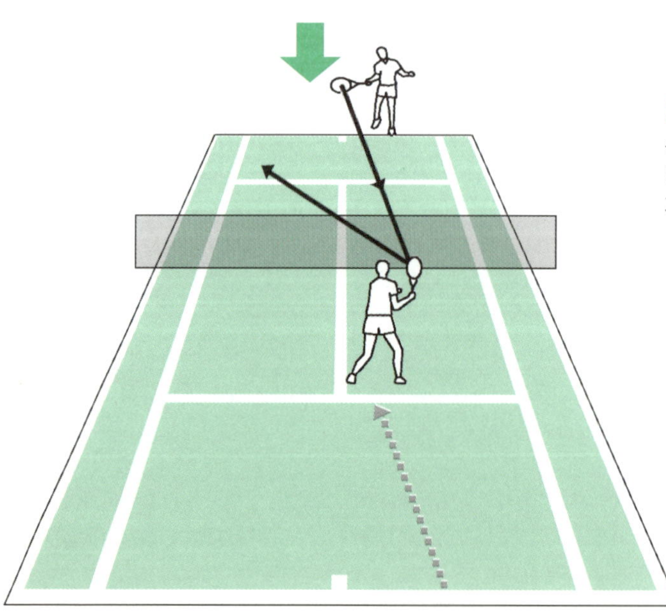

2

상대가 공격한 볼은 각도를 주기 어렵기 때문에 좀더 네트 앞으로 다가가서 오픈 코트로 발리를 전개한다.

리시브 위치가 센터로부터 떨어져 있는 경우

1

어드밴티지 사이드에서 리시브 위치가 센터로부터 떨어진 경우 다운더 라인 쪽으로 리턴한다.

2

상대는 크로스로 오픈 코트의 포핸드 사이드로 공략해 오기 때문에 신속하게 리커버리한다. 상대의 왼쪽 사이드로 발리를 전개한 후 패싱 코트를 좁게 한다.

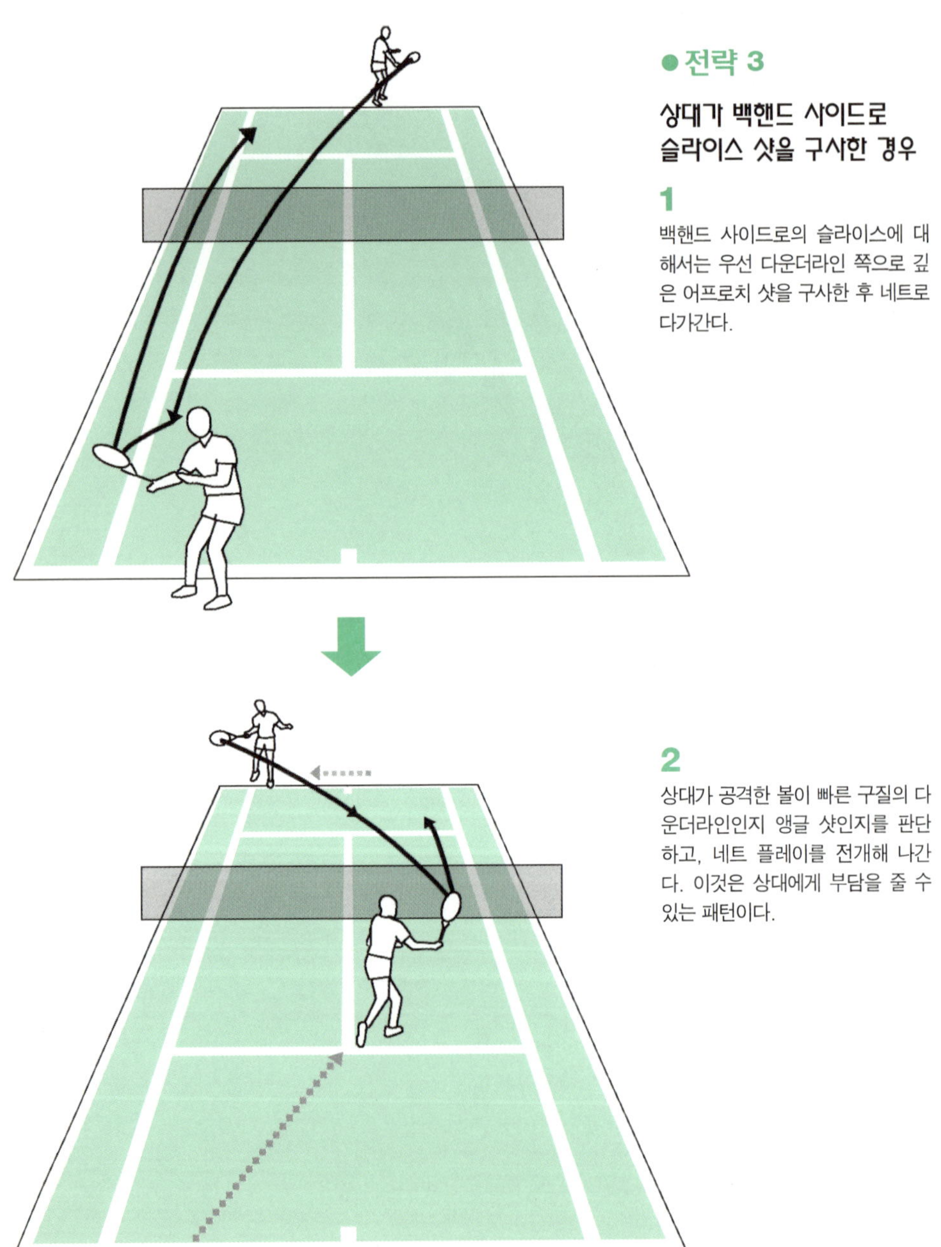

● 전략 3

상대가 백핸드 사이드로 슬라이스 샷을 구사한 경우

1

백핸드 사이드로의 슬라이스에 대해서는 우선 다운더라인 쪽으로 깊은 어프로치 샷을 구사한 후 네트로 다가간다.

2

상대가 공격한 볼이 빠른 구질의 다운더라인인지 앵글 샷인지를 판단하고, 네트 플레이를 전개해 나간다. 이것은 상대에게 부담을 줄 수 있는 패턴이다.

●전략 4

상대의 서비스에 대해서 슬라이스로 네트 대시하는 경우

1

전략 3과 반대 패턴. 상대의 서비스에 대해서 슬라이스로 처리하고 네트로 나가는 경우는 백핸드 사이드로 어프로치 샷을 깊숙히 구사한다.

2

상대가 받아 친 볼에 대해 오픈 코트로 발리한다. 이 패턴을 성공시키기 위해서는 서브 리시브를 빠른 슬라이스로 처리하는 것이 아니라 어디까지나 깊은 슬라이스 어프로치를 구사하여 정확한 발리 포지션의 위치를 잡는 것이 중요하다.

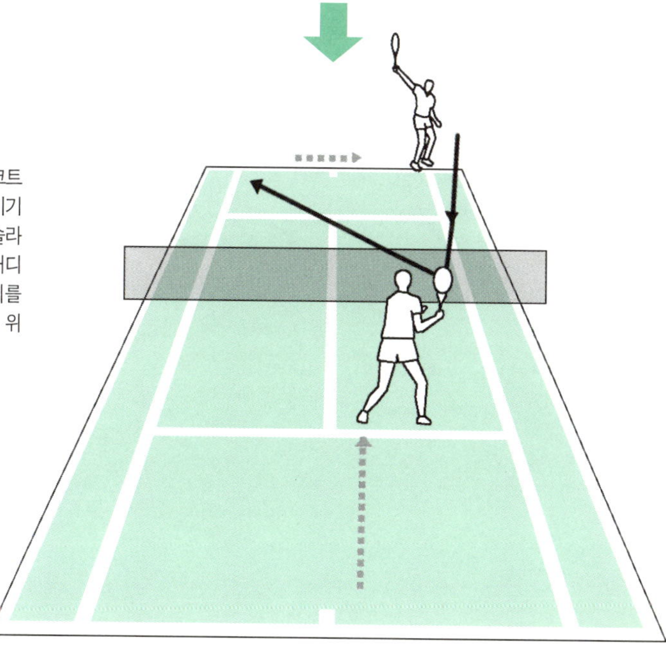

GROUND STROKER

그라운드 스트로커 전략

라인에서 30cm~50cm 정도 떨어진 곳으로 볼을 보내 스트로크전으로 전개하는 전략이다. 기본적으로는 상대를 좌우로 움직이게 하는 볼을 치는 것이 포인트이지만, 상대의 실수를 유도하는 공격도 하나의 전략이 된다.

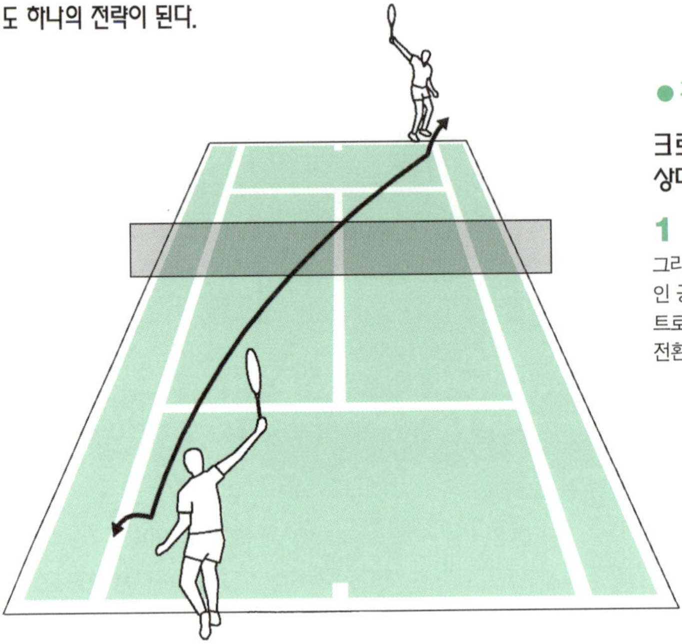

● 전략 1

크로스 스트로크전에서 상대를 움직이게 하는 경우

1

그라운드 스트로커의 가장 기본적인 공격 방법이다. 크로스에서의 스트로크전 중에 신속하게 포핸드로 전환한다.

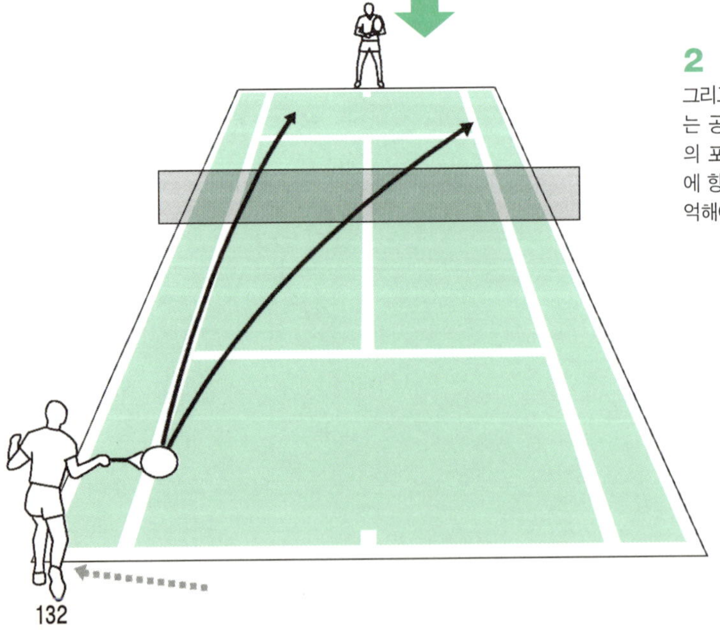

2

그리고 상대를 좌우로 움직이게 하는 공격을 전개한다. 이 경우 자신의 포핸드 사이드가 오픈되기 때문에 항상 주의해야 한다는 사실을 기억해야 한다.

● 전략 2

백핸드 크로스 랠리로
포인트를 올리는 경우

1

백핸드 크로스 랠리로 조금이라도
자신에게 유리한 상황이 됐을 때에
는 득점을 노려야 한다.

2

스트로크전에서는, 자신에게 찬스가
돌아왔을 경우에는 다운더라인 쪽으
로 공략하는 것이 가장 기본적인 패
턴이고 포인트를 결정짓는 가장 좋
은 방법이다.

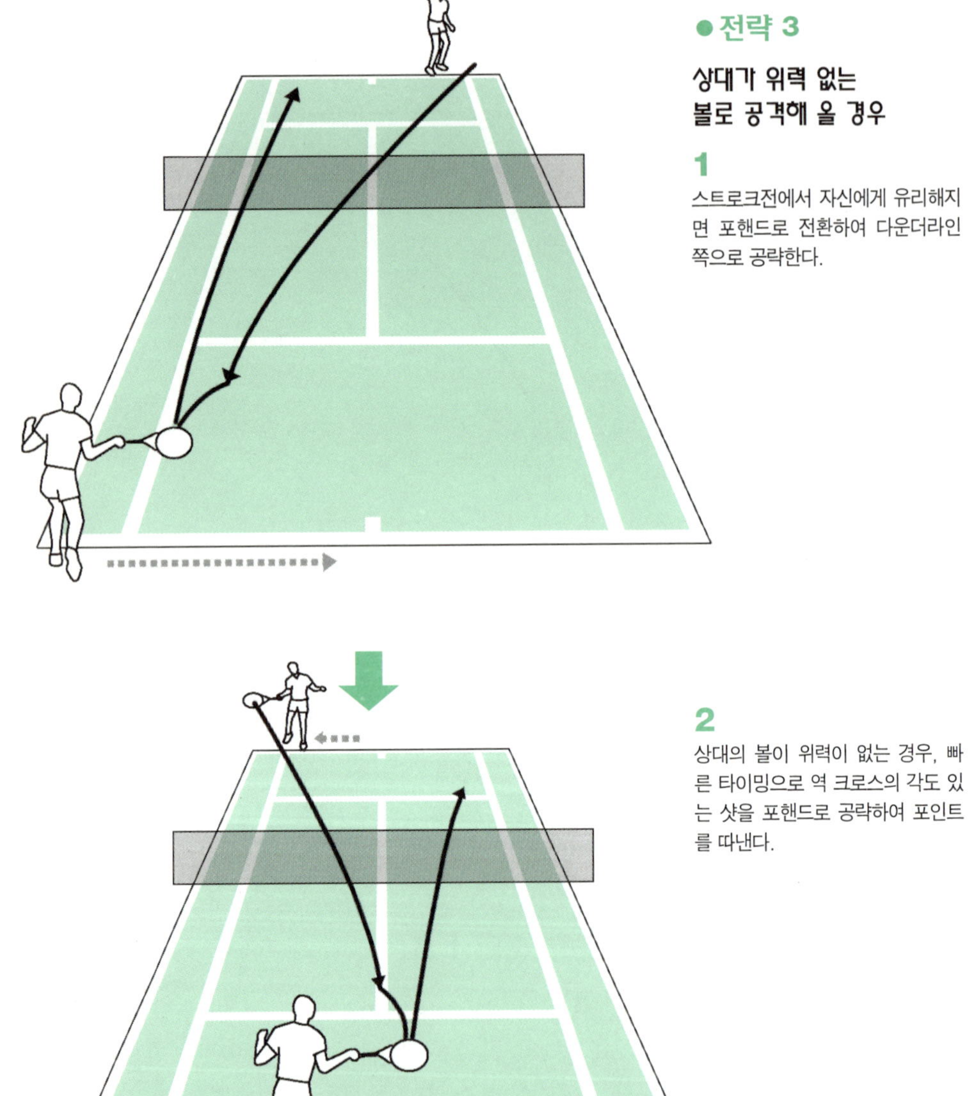

●전략 3

상대가 위력 없는
볼로 공격해 올 경우

1

스트로크전에서 자신에게 유리해지
면 포핸드로 전환하여 다운더라인
쪽으로 공략한다.

2

상대의 볼이 위력이 없는 경우, 빠
른 타이밍으로 역 크로스의 각도 있
는 샷을 포핸드로 공략하여 포인트
를 따낸다.

● 전략 4

상대의 리턴 미스를
노리는 경우

1

랠리가 되면 포핸드나 백핸드 모두
상대의 미들 코트에 집중적으로 보
낸다.

2

상대가 보다 아슬아슬한 곳을 노리
게 하여 백아웃, 사이드아웃을 유도
한다. 이 전략은 깊은 볼과 스테미너
에 자신이 있는 선수에게 좋다.

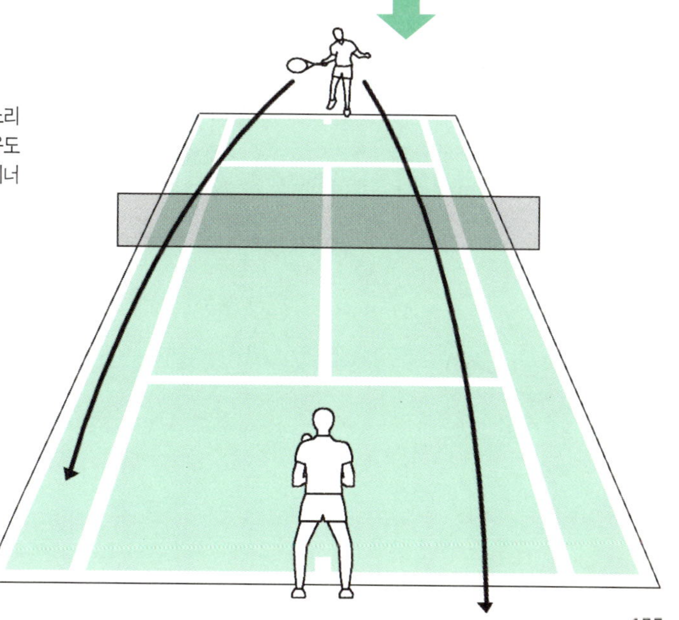

올라운드 플레이어 전략

다양한 스타일로 경기를 하는 올라운드 플레이어는, 상대의 전략에 맞서 어떤 게임을 전개할 것인가를
신속하게 판단하는 것이 포인트를 따기 위한 핵심이다.

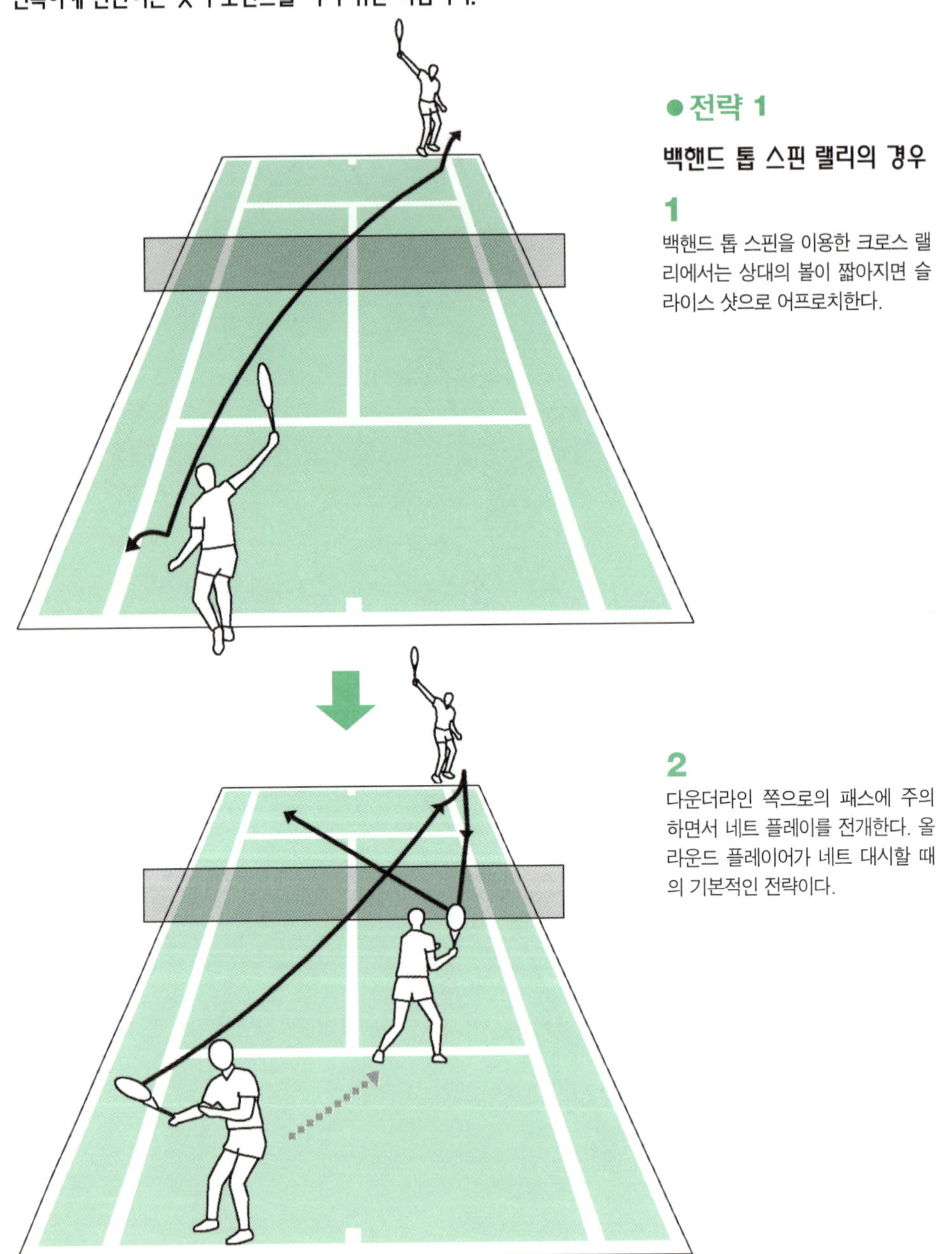

● 전략 1

백핸드 톱 스핀 랠리의 경우

1

백핸드 톱 스핀을 이용한 크로스 랠
리에서는 상대의 볼이 짧아지면 슬
라이스 샷으로 어프로치한다.

2

다운더라인 쪽으로의 패스에 주의
하면서 네트 플레이를 전개한다. 올
라운드 플레이어가 네트 대시할 때
의 기본적인 전략이다.

크로스 랠리에서 다운더라인 쪽으로 전개된 경우

1

포핸드 크로스 랠리에서 상대가 다운더라인 쪽으로 전개해 온다.

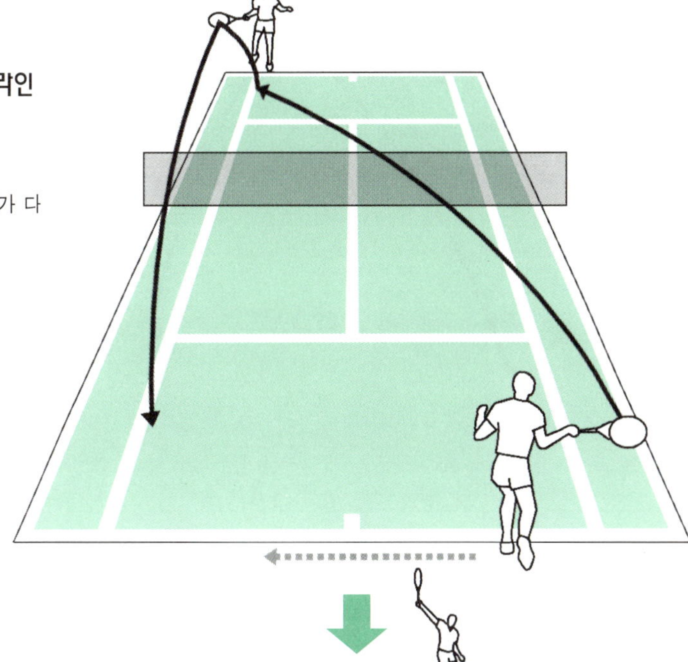

2

이 경우에는 조금 무리를 해서라도 크로스로 슬라이스 어프로치 샷을 구사하여 다운더라인 쪽으로 공략해 가면서 네트 플레이를 전개한다.

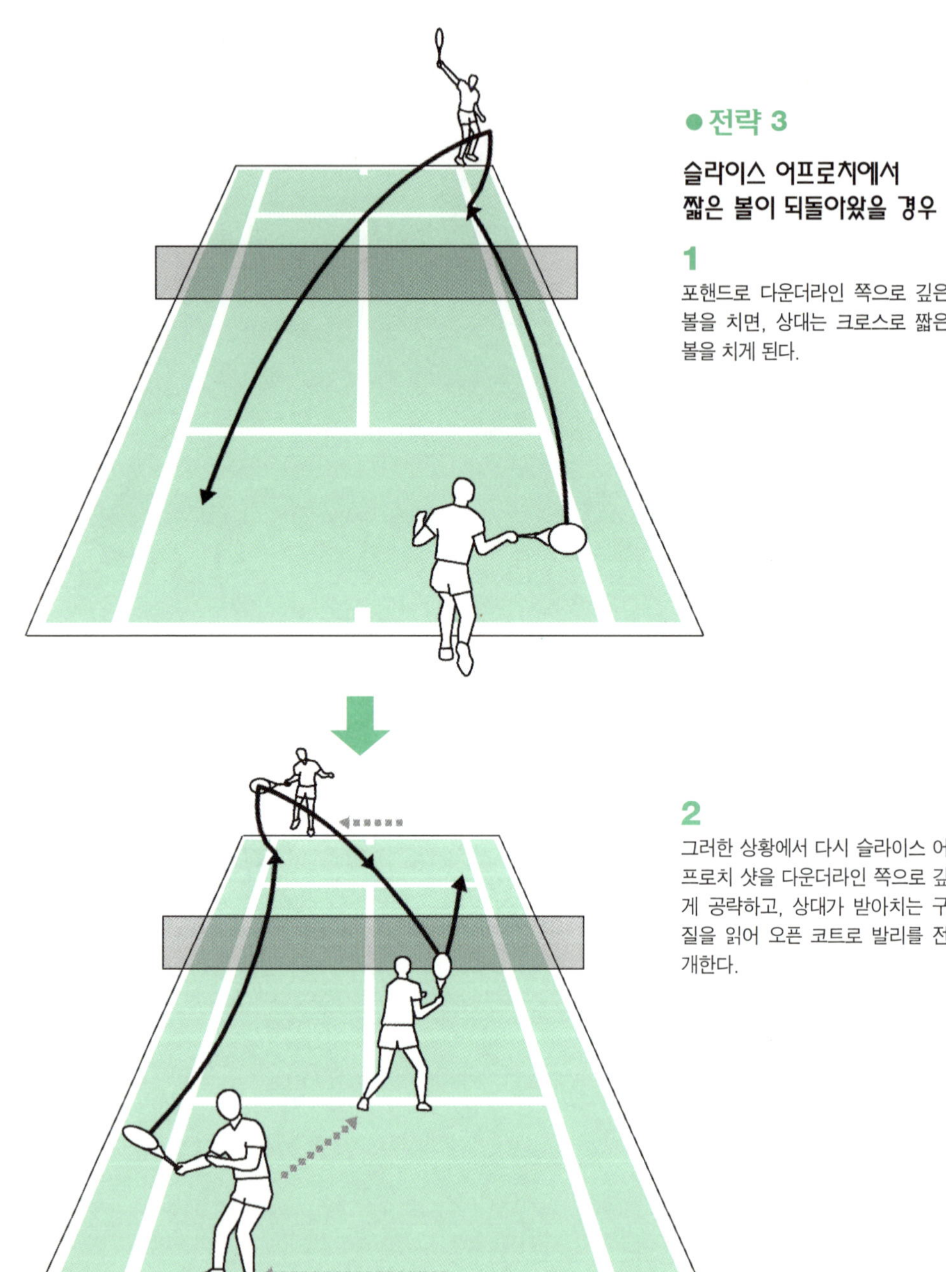

● 전략 3

**슬라이스 어프로치에서
짧은 볼이 되돌아왔을 경우**

1

포핸드로 다운더라인 쪽으로 깊은
볼을 치면, 상대는 크로스로 짧은
볼을 치게 된다.

2

그러한 상황에서 다시 슬라이스 어
프로치 샷을 다운더라인 쪽으로 깊
게 공략하고, 상대가 받아치는 구
질을 읽어 오픈 코트로 발리를 전
개한다.

● 전략 4

다운더라인 쪽의
포핸드 샷으로 전개하는 경우

1

백핸드의 크로스 랠리에서 재빠르게
포핸드로 전환하여 찬스 볼을 다운
더라인 쪽으로 공략한다.

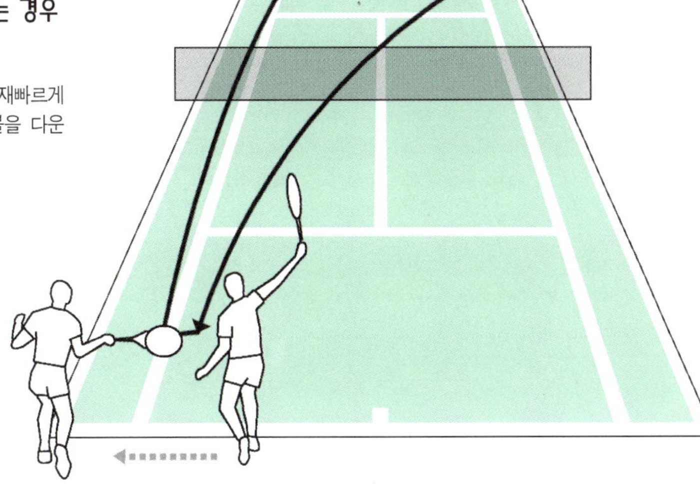

2

상대가 크로스 카운터 샷으로 공격
해 온 볼을 다운더라인 쪽으로 스핀
을 많이 건 어프로치 샷으로 공략하
여 네트 플레이로 연결한다.

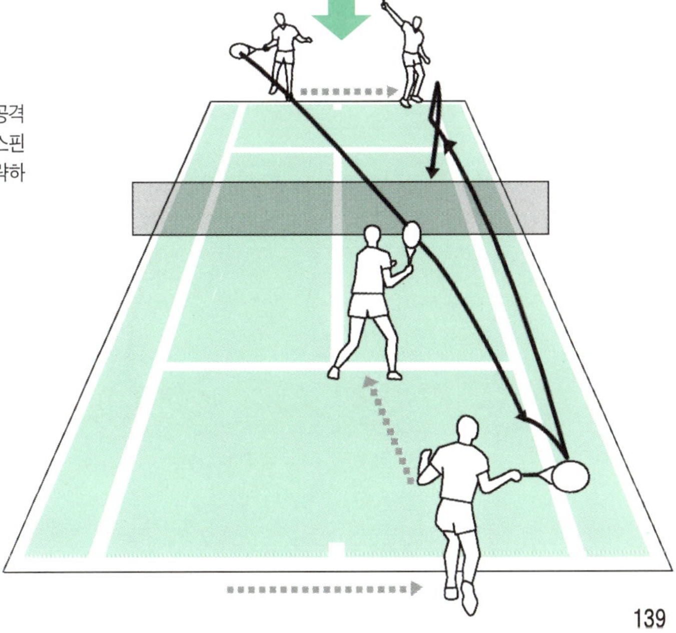

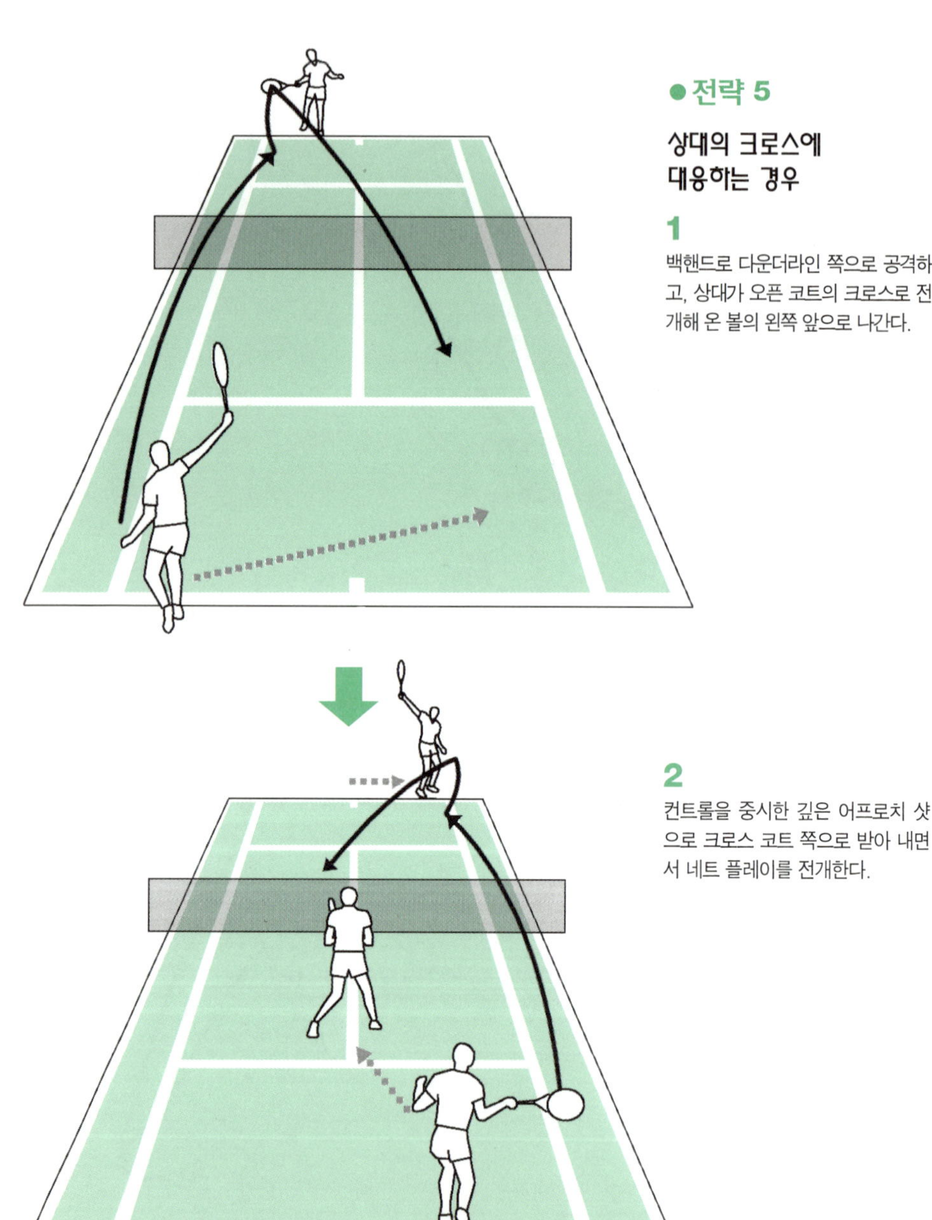

● 전략 5

상대의 크로스에
대응하는 경우

1

백핸드로 다운더라인 쪽으로 공격하
고, 상대가 오픈 코트의 크로스로 전
개해 온 볼의 왼쪽 앞으로 나간다.

2

컨트롤을 중시한 깊은 어프로치 샷
으로 크로스 코트 쪽으로 받아 내면
서 네트 플레이를 전개한다.

●전략 6

상대에게 다운더라인 쪽으로의 볼을 유도하여 전개하는 경우

1

볼을 쳐내면서 의식적으로 포사이드를 비워 두고 상대가 다운더라인 쪽으로 치게 유도하여 크로스 카운터 샷으로 상대를 움직인다.

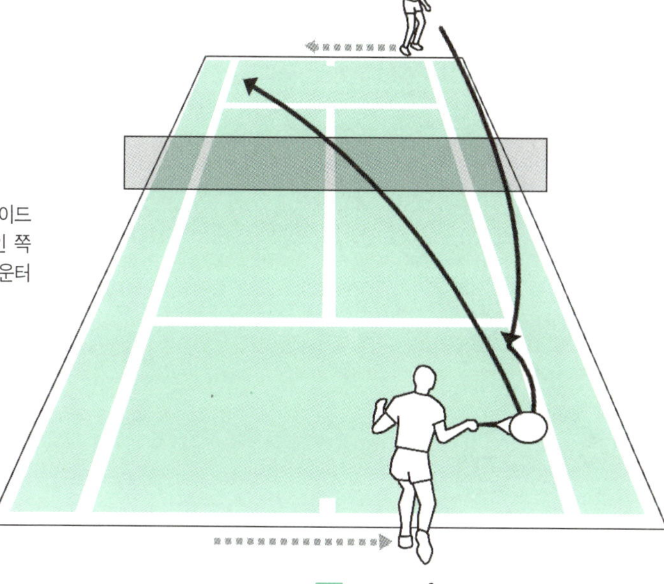

2

다운더라인 쪽으로 공략하기 좋은 볼이 오면, 백핸드 스핀으로 크로스에 어프로치 샷을 구사한 후 상대를 코트 밖으로 몰아 내 오픈 코트에 발리를 전개한다.

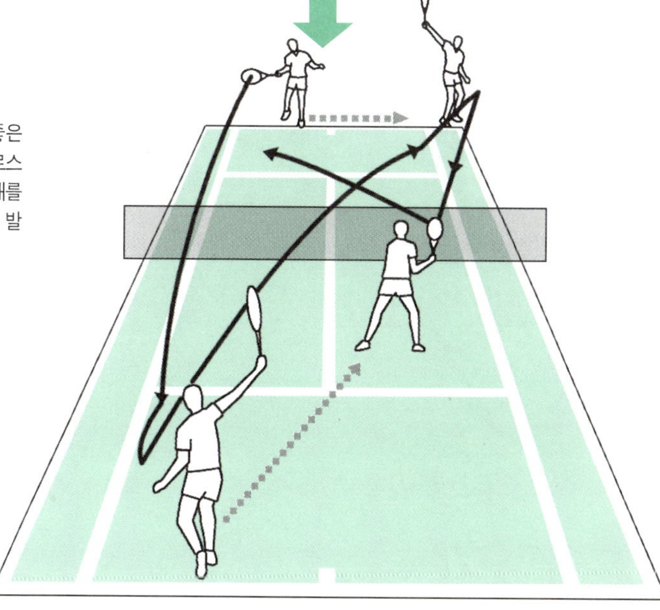

사바티니의 슬라이스 샷

미끄러지는 볼로 상대가 강한 공격을 구사하지 못 하도록 하는 샷이다.

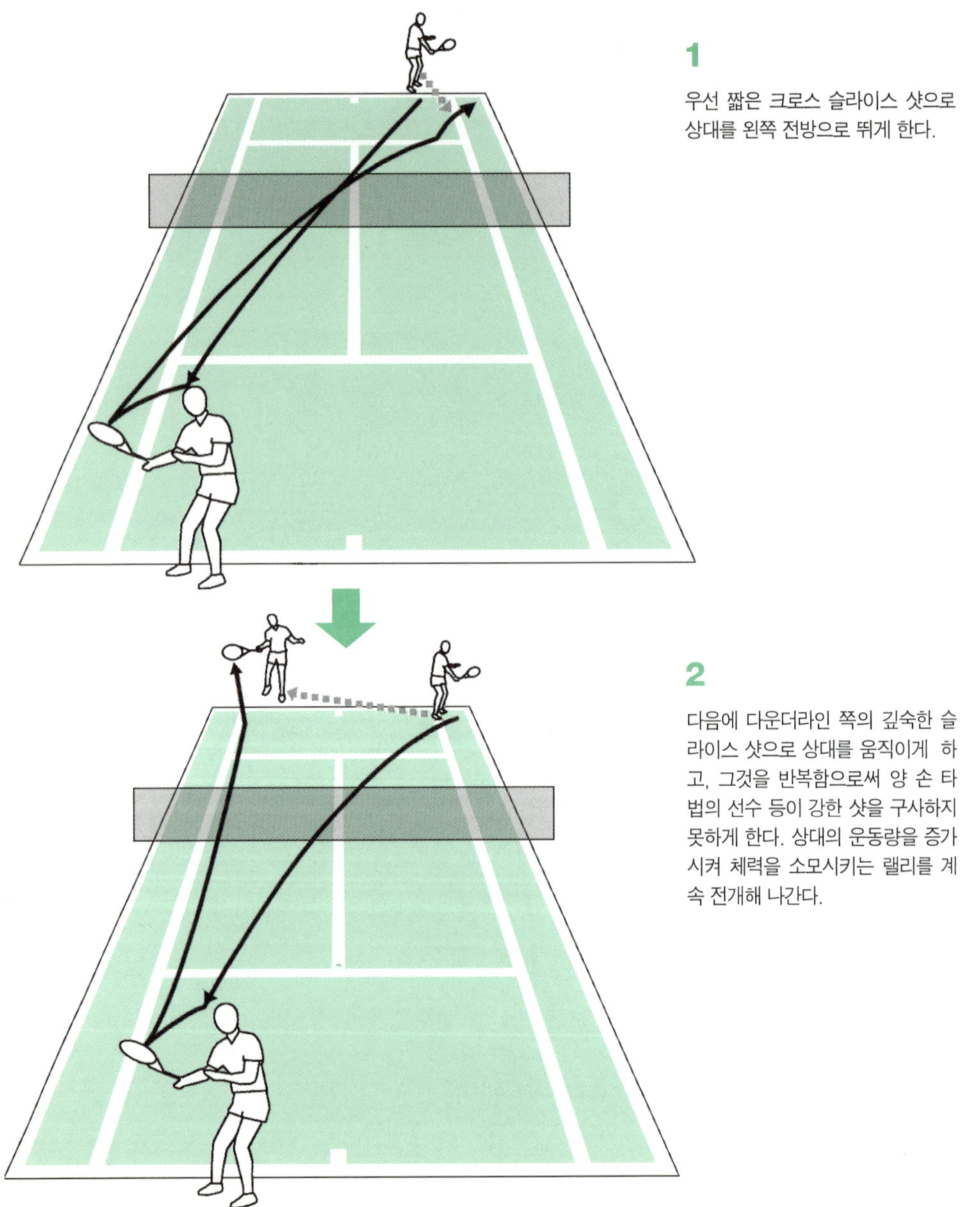

1

우선 짧은 크로스 슬라이스 샷으로
상대를 왼쪽 전방으로 뛰게 한다.

2

다음에 다운더라인 쪽의 깊숙한 슬
라이스 샷으로 상대를 움직이게 하
고, 그것을 반복함으로써 양 손 타
법의 선수 등이 강한 샷을 구사하지
못하게 한다. 상대의 운동량을 증가
시켜 체력을 소모시키는 랠리를 계
속 전개해 나간다.

노보트나의 블록 리턴

화려하지는 않지만, 상대에게 부담을 줄 수 있는 샷이다.

1

서비스를 넣은 후에 네트 대시해 들어오는 상대에게 라켓 페이스를 정확하게 컨트롤해서 블록 리턴을 상대의 발 밑으로 가라앉힌다.

2

백핸드로도 같은 리턴을 한다. 상대가 대시해 오는 방향을 판단해서 다운더라인과 크로스를 나누어 사용한다.

카페르니코프의 플랫 샷

높은 타점에서 공격하는 다운더라인 쪽의 플랫 샷으로 깨끗한 에이스를 노린다.

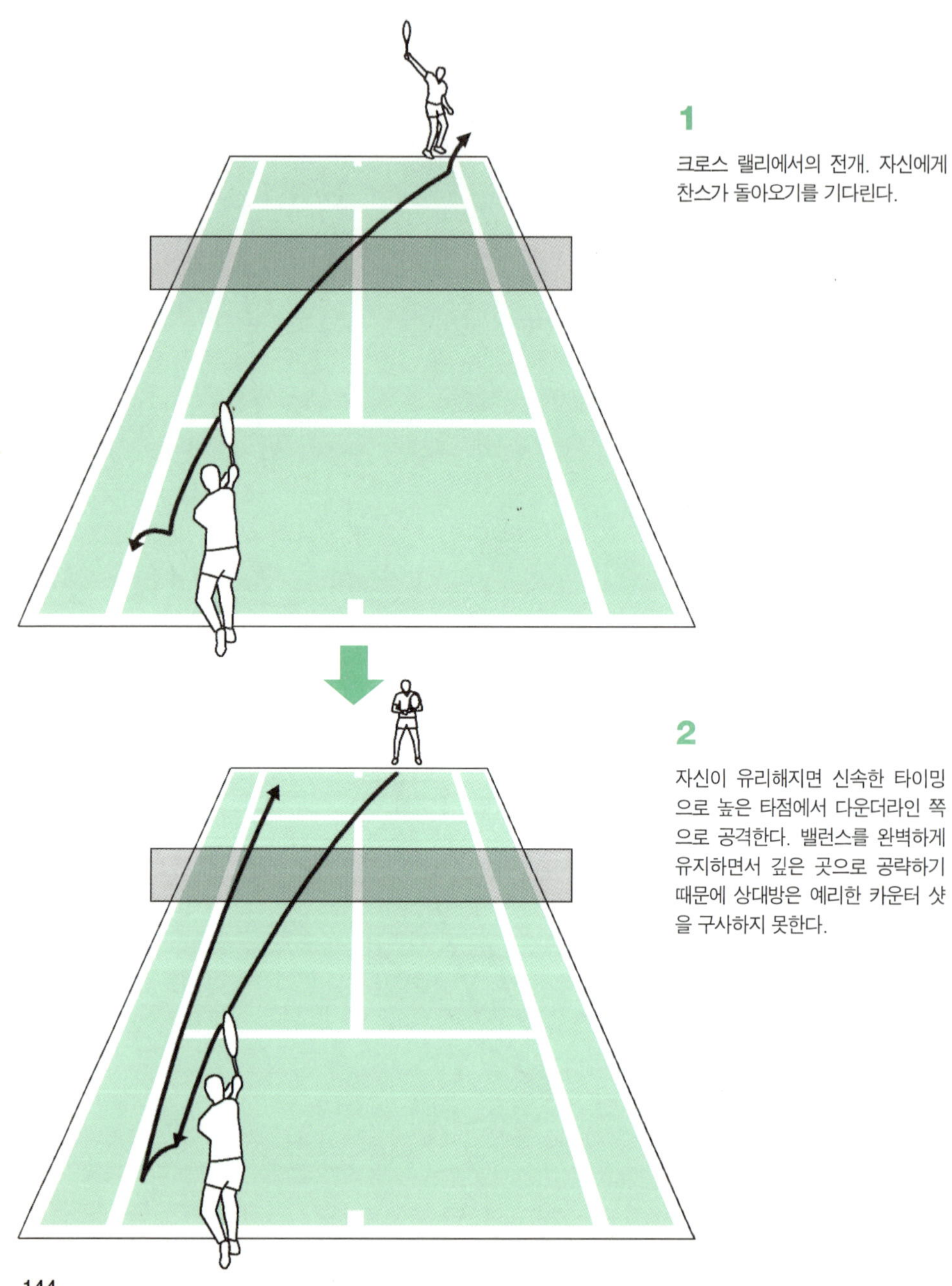

1

크로스 랠리에서의 전개. 자신에게 찬스가 돌아오기를 기다린다.

2

자신이 유리해지면 신속한 타이밍으로 높은 타점에서 다운더라인 쪽으로 공격한다. 밸런스를 완벽하게 유지하면서 깊은 곳으로 공략하기 때문에 상대방은 예리한 카운터 샷을 구사하지 못한다.

샘프라스 · 그라프의 카운터 포핸드 샷

크로스 랠리에서 재빠른 풋워크로 포핸드 샷 공격으로 전환한다.

1

백핸드 크로스 랠리 중에도 항상 포 사이드를 의식한다.

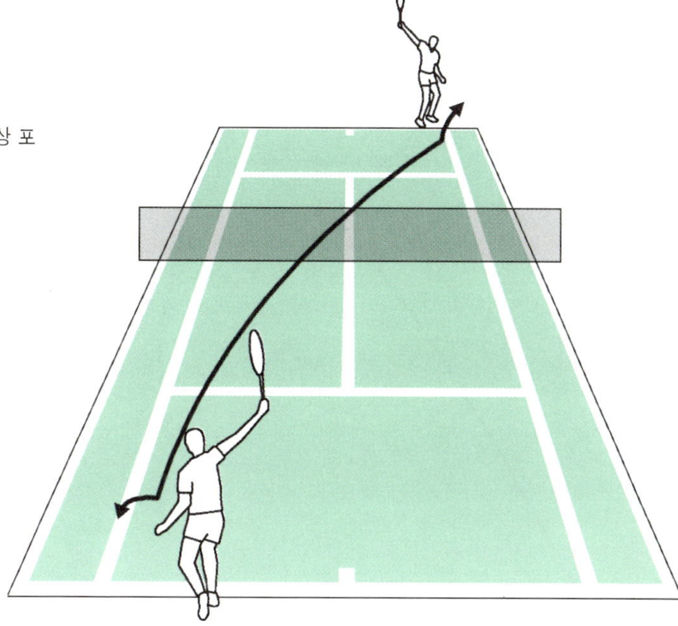

2

상대가 포핸드로 전환하여 다운더라인 쪽으로 공격해 오면, 재빠른 풋워크와 판단으로 크로스 카운터 샷으로 역습한다. 양 선수의 카운터 샷은 속도가 매우 빨라 포인트를 따내지는 못 하더라도 어드밴티지를 확보할 수 있다.

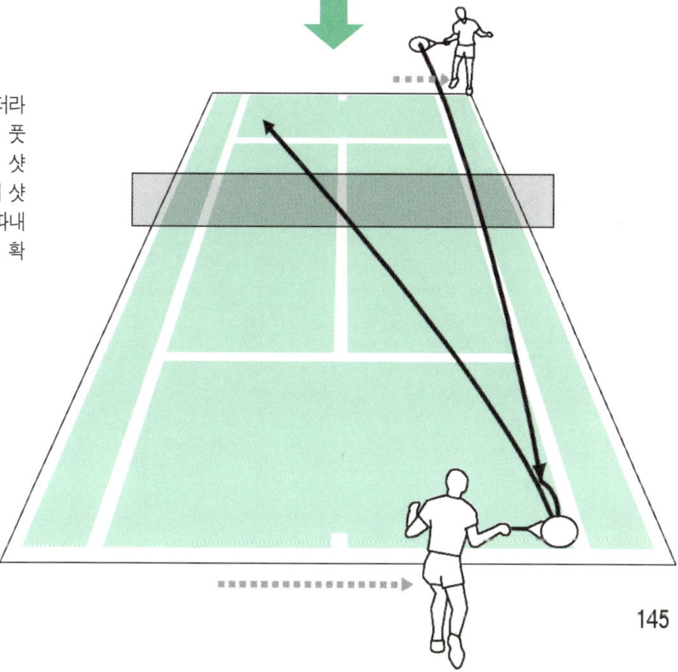

아가시의 톱 스핀 샷

완벽한 볼 컨트롤로 상대의 체력을 소모시
키는 톱 스핀 샷이 특징이다.

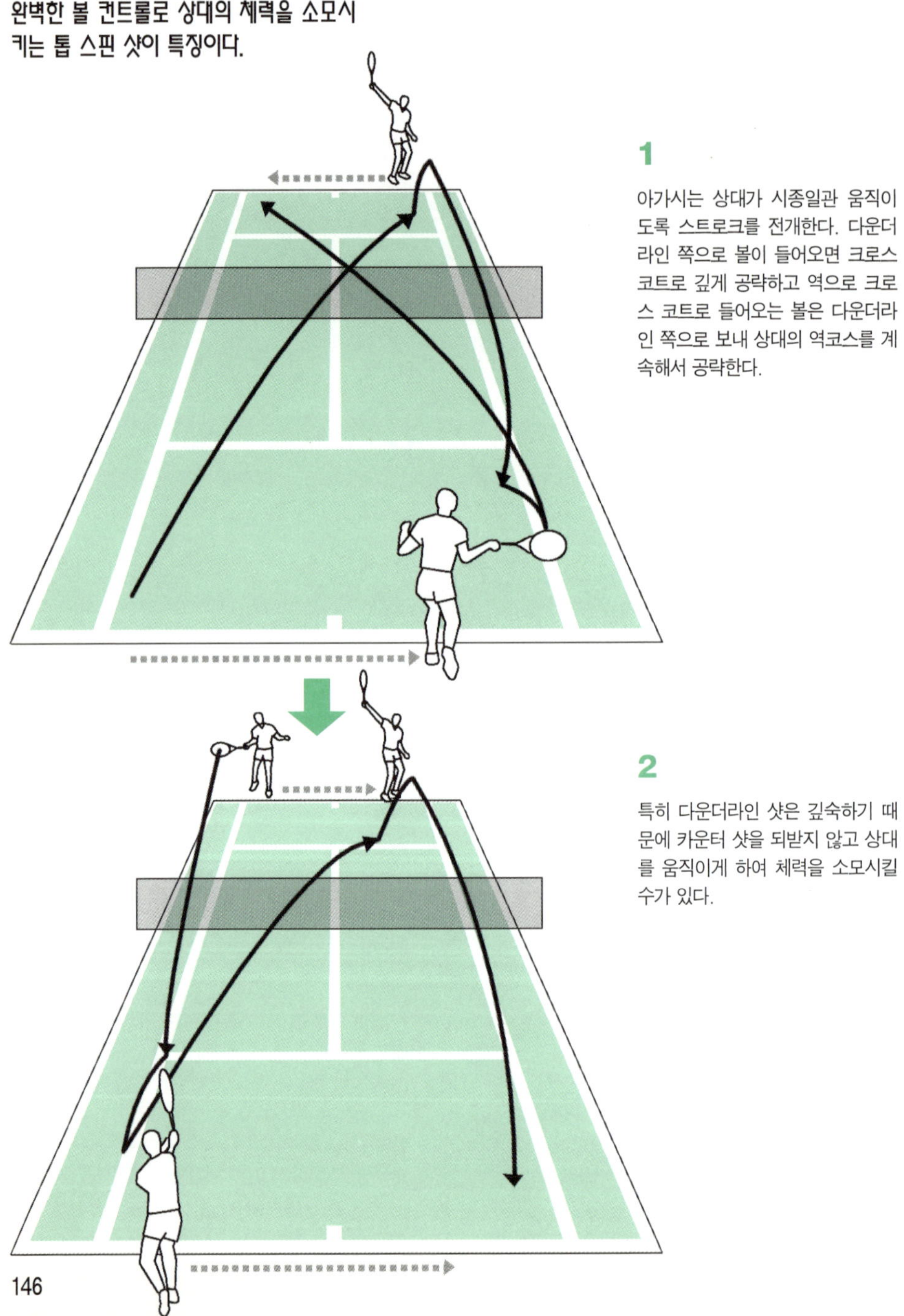

1

아가시는 상대가 시종일관 움직이
도록 스트로크를 전개한다. 다운더
라인 쪽으로 볼이 들어오면 크로스
코트로 깊게 공략하고 역으로 크로
스 코트로 들어오는 볼은 다운더라
인 쪽으로 보내 상대의 역코스를 계
속해서 공략한다.

2

특히 다운더라인 샷은 깊숙하기 때
문에 카운터 샷을 되받지 않고 상대
를 움직이게 하여 체력을 소모시킬
수가 있다.

샘프라스의 서브 & 발리

세로로 회전하는 완만한 스피드의 깊숙한 서비스로 네트 플레이를 유리하게 전개한다.

1

센터 쪽으로의 빠른 서브가 주무기라고 생각되지만, 중요한 상황에서는 크로스 코트에 세로로 회전하는 각도 있는 서비스를 구사한다.

2

스피드를 조금 늦추기 때문에 상대는 타이밍을 맞추지 못한다. 그 틈을 이용해서 재빠르게 네트로 나가 오픈 코트로 발리를 전개한다.

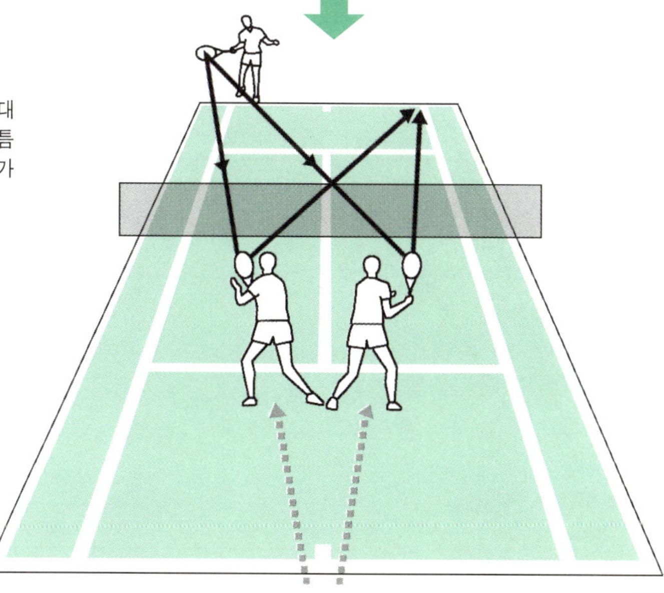

힝기스의 백핸드를 축으로 한 랠리

어떤 상황에서도 가장 강력한 주무기인 백핸드로 크로스 랠리를 전개하여 상대를 제압한다.

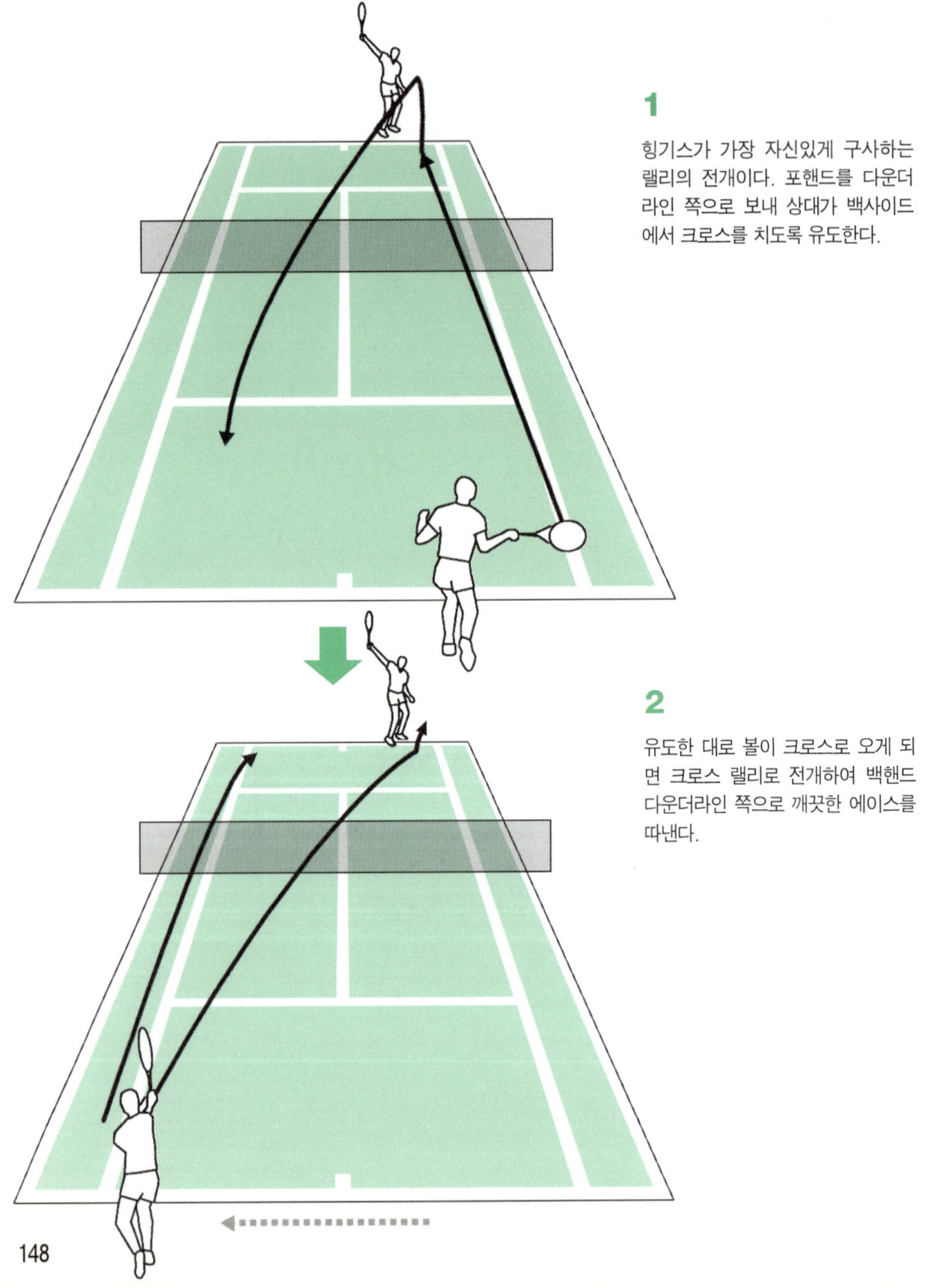

1

힝기스가 가장 자신있게 구사하는 랠리의 전개이다. 포핸드를 다운더라인 쪽으로 보내 상대가 백사이드에서 크로스를 치도록 유도한다.

2

유도한 대로 볼이 크로스로 오게 되면 크로스 랠리로 전개하여 백핸드 다운더라인 쪽으로 깨끗한 에이스를 따낸다.

코트 표면의 차이와 대전방법

코트 표면의 차이에 따라 볼의 속도 등이 달라지기 때문에 각각의 코트 표면의 성격을 파악해서 전략을 세우는 것은 경기를 유리하게 전개시키기 위한 하나의 키 포인트가 된다.

잔디 코트/ 카펫 코트

타구가 빠르고, 미끄러져 오는 듯한 느낌이다. 하드 코트보다 앞쪽에서 타점을 잡는다. 엉덩이를 조금 내리고 자세를 낮추어 간결한 테이크 백을 한다.

풋워크도 자세를 낮춰 움직이는 것이 중요하다. 어떤 표면의 코트에서보다도 적극적으로 대전할 것. 때로는 스트로크 서브 & 발리나 리턴 & 대시 등의 전개도 중요한 전략이 된다. 공수의 밸런스는 공 8 : 수 2.

클레이 코트

타구는 느리고, 바운드는 감속해서 튀어오르기 때문에 스트로크전으로 전개되는 경우가 많다. 리턴 시에는 오히려 앞쪽에서 공략하지 않아도 된다. 공격적인 리턴보다도 깊숙이 쳐내는 것이 중요하다. 다른 샷에 있어서도 테이크 백을 크게 해도 상관없다.

풋워크는 슬라이드 풋워크를 적극적으로 이용해서 체력의 비축과 리치의 확대를 노린다. 지구전으로 유도하여 실수를 범하지 말 것을 염두에 두고 게임에 임한다. 공수의 밸런스는 공 6 : 수 4로 루프 볼, 앵글 샷, 드롭 샷 등 다채로운 샷을 활용하여 상대를 많이 움직이게 하는 것이 좋은 방법이다.

옴니 코트

톱 스핀 계열의 타구는 그다지 탄력이 없고 위력도 반감된다. 반대로 슬라이스 볼은 미끄러지지만 코트 표면 전체에서의 타구는 빠르지 않다. 그러나 네트 플레이는 의외로 유효하다. 패싱샷도 하드 코트에 비해서 힘이 들기 때문에 구사하기 어렵다.

슬라이드 풋워크를 채택하지만 클레이 코트에서보다 하반신의 근력을 더 사용하기 때문에 체력을 소모하기 쉽다. 공수의 밸런스는 공 7 : 수 3.

인도어와 아웃도어의 차이

기후에 좌우되는 아웃도어, 경기장의 구조나 타구음(打球音)에 좌우되는 인도어. 각각의 특색을 정확히 파악하여 주위 환경을 자기 자신에게 유리하도록 만드는 전략도 이기기 위한 중요한 요소가 된다.

아웃도어 기후나 환경의 변화가 있는 아웃도어에서는 태양, 바람, 기온, 표고 (해발)를 염두에 두고 플레이할 것.
- 고지대에서는 볼의 비거리가 길어진다.
- 기온이 낮으면 볼의 탄력이 떨어진다.
- 태양의 위치나 높이를 확인하고, 상대에 따라 특히 퍼스트 게임의 리시브 사이드, 로빙 등 햇빛에 방해를 받아 처리하기 어려운 볼을 구사하도록 하자.
- 바람을 등진 상태에서는 볼이 생각보다 멀리 날아가기 때문에 서두르지 말고, 스핀을 많이 넣은 볼로 침착하게 상대를 유린한다.
- 바람을 향한 상태에서는 힘껏 스윙을 해도 볼이 겨우 상대의 코트 안으로 들어가게 되는 경우가 많다. 따라서 보다 적극적인 플레이가 요구된다. 바람을 등진 상태에서는 패싱샷을 실수할 확률이 높기 때문에 바람을 향한 상태의 플레이어는 네트 플레이를 펼치는 것이 좋다. 볼이 바람을 타기 때문에 드롭 샷 등도 유효하다.

인도어 인도어는 자연 현상에 좌우되지는 않지만, 타구음이 중요한 역할을 한다. 타구의 경쾌한 음을 들을 수 있거나, 자신이 공격한 볼의 스피드가 빠르게 느껴지므로 기분 좋은 플레이를 펼칠 수 있다. 강한 서비스를 구사하는 선수에게 유리한 것은 인도어이다.
자연 환경의 영향을 받지 않기 때문에 자신의 생각대로 플레이를 전개하기 쉽고 집중해서 경기에 임할 수 있다.

복식편

몸에 익힌 테크닉을 복식 경기에 응용한다

복식 경기에서의 실력 향상은 공격 · 수비의 대형
을 습득하는 것보다 일상의 연습에서 몸에 익힌
테크닉을 경기에 응용할 수 있는 요령을
얻는 것에서부터 시작된다.
한 조가 된 선수가 제각각의 플레이를 한다면 아무
리 열심히 경기에 임한다 하더라도 이길 수 없다.
복식 경기의 대전 방법에 맞는 움직임을 선수
각자가 이해함으로써,
그 조의 구성도 잘 이루어지게 된다.
또, 서로가 서로의 약점을 이해하고 자기의
기술로 어떻게 보완해야 하는가를 연구하는 것도
복식 경기에 있어서 중요하다 하겠다.

복식 경기에서의 서비스

기술적으로는 복식도 단식과 크게 다르지 않지만, 전략적으로는
퍼스트 서비스에서 서비스 에이스를 노리는 단식과는 달리, 복식에서는 퍼스트
서비스의 확률을 어떻게 하면 높일 수 있느냐 하는 점이 관건이 된다는 차이가 있다.
또, 자기와 조를 이룬 파트너가 플레이하기 쉬운 리턴이
들어오도록 코스를 노리는 것이 포인트이다.

P O I N T 1

퍼스트 서비스의
확률을 높인다

복식 게임에서는 단식에서의 서비스보다 80%정도의 힘으로 퍼스트 서비스의 확률을 높인다는 것이 가장 중요한 포인트이다. 풀 스윙으로 서비스 에이스를 노리는 것만으로는 서비스의 확률이 떨어지고, 타이밍을 잡기 힘들게 될 뿐이다. 또한, 세컨드 서비스는 리시버는 공격하기 쉽고, 서비스를 하는 팀에게는 불리하게 된다.

퍼스트 서비스는
백핸드 사이드로 공략한다

퍼스트 서비스를 상대의 백핸드 사이드로 공략하게 되면 리시브 코스는 어느 정도 한정되게 된다. 단순한 크로스로는 끌려가기 쉬운 게임이 된다. 따라서 파트너가 포치하기에 용이하게 된다.

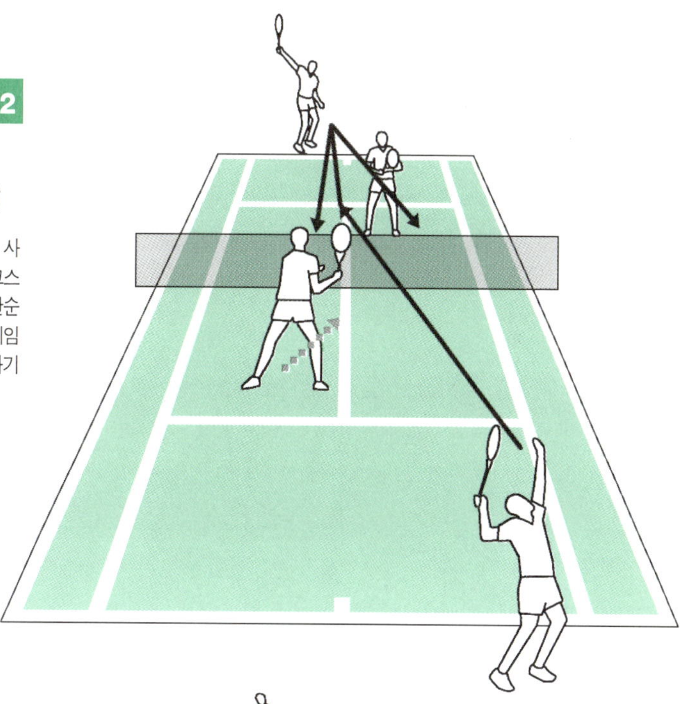

포핸드 사이드 쪽으로 서비스를 넣은 경우, 파트너는 다운더라인 쪽으로 쳐낼 것. 가끔 포치를 시도해 보는 것도 좋다.

POINT 3

바디 서브*로
리턴을 어렵게 한다

바디 서브는 상대편이 각도 있는 리턴을 구사하기 어렵게 하는 서비스이다. 리시버는 어떻게 리턴을 해야 할지 고민해야 하기 때문에 퍼스트 서비스의 확률도 그만큼 높아진다. 리시버에게는 리턴의 종류가 한 가지 더 늘어나서 부담이 가중되므로, 바디 서브는 유효한 수단이 된다. 물론 서버는 서비스를 구사할 곳을 사전에 파트너에게 알려 주어야 한다.

※바디 서브(Body Serve)
　상대의 몸 정중앙으로 넣는 서브.

P O I N T 4

서비스 포지션을 미묘하게 바꾼다

자신의 서비스가 상대의 리턴과 타이밍이 맞는다고 느껴지면, 좌우 어느 곳으로든 서비스 포지션을 약간씩 바꿔보는 것도 하나의 작전이다.

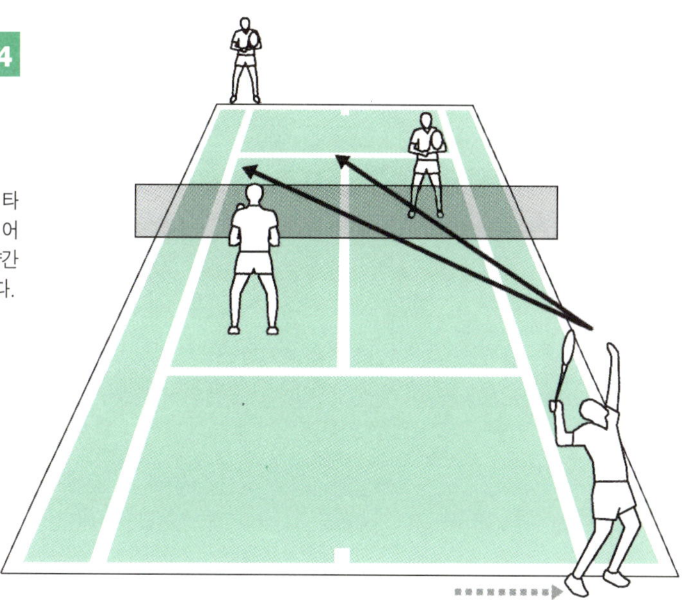

같은 구질이라도 포지션을 바꿔주면, 리시버는 타이밍을 놓치거나 리시브할 때 주저하게 되어, 마음먹은 대로 게임을 전개할 수 없게 된다. 단, 포지션을 바꾸기 전에는 파트너에게 반드시 알려야 한다.

복식 경기에서의 발리

복식에서의 발리는 포인트를 따기 위한 중요한 테크닉이다.
퍼스트 발리는 깊게 보낸다는 기본적인 테크닉뿐만 아니라 상대의 포치를 막기 위한 앵글 발리,
리시브를 포치할 때의 크로스 발리 등 단식에 비해 폭넓고 다양한 테크닉이 필요하다.

P O I N T 1

퍼스트 발리는 깊게 보낸다

퍼스트 발리는 깊게 보내는 것이 기본이다. 그러면 게임을 유리하게 전개할 수가 있다. 상대의 리시브가 뜬 볼이 된 경우는 하이 발리로 다운더라인 쪽으로 공략하여 포인트를 노린다.

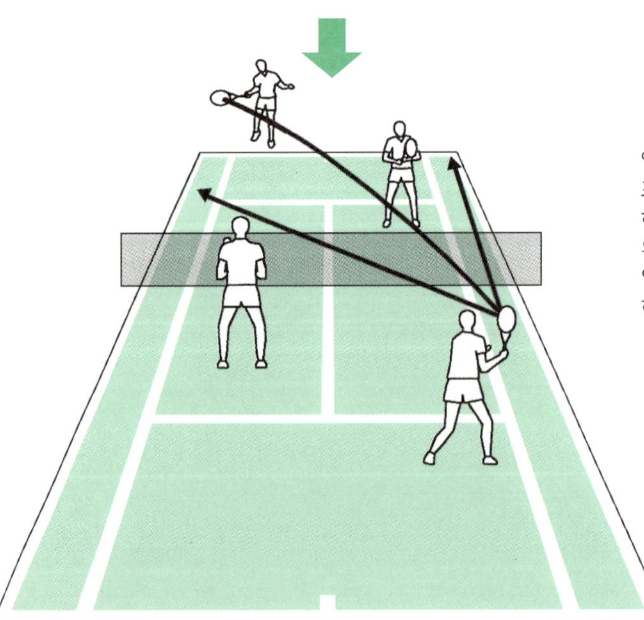

앵글로 낮게 깔렸을 때에는 상대의 포치를 막기 위해 앵글 발리도 필요하다. 따라서 퍼스트 발리는 크로스의 깊은 발리, 앵글 발리, 다운더라인 발리 등 세 가지로 나눠서 활용하는 것이 필요하다.

포치를 적절히 구사한다

복식에서 포치는 상당히 중요한 작
전이다. 다운더라인 쪽으로 빠져도
보다 적극적으로 포치를 하는 것이
리시버에게 부담을 줄 수가 있기 때
문에 팽팽한 게임에서도 최종적으
로는 승리를 손에 넣을 수가 있을
것이다.

센터로 서비스를 공략하고 포치하는
경우에는, 상대편의 발리어가 포치
에 대한 준비를 하고 있기 때문에 되
돌아 오는 경우도 있어서 리시버로
부터 가장 먼 거리로 크로스 발리를
하는 것이 최선책이다. 단 발리어의
발 밑으로 포치를 깔리게 할 수 있다
면 발리어에게 직접 포치를 구사해
도 된다. 근거리라고 해서 상대를 배
려한 듯한 플레이는 좋지 않다.

수차례 같은 방향으로 공략하여 상대의 실수를 유도한다

볼이 온 그 방향으로 공략하는 것이 기본이다. 발리의 코스를 바꾸는 것은 어렵고, 상대편 발리어에게 반격 당하거나 발리 미스를 할 수도 있다.

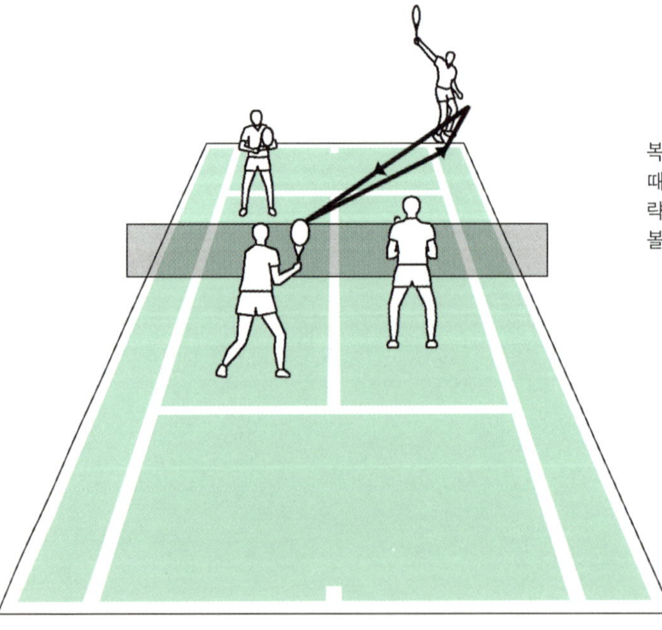

복식 경기에서는 발리가 유리하기 때문에 2, 3구도 같은 방향으로 공략하게 되면 상대측이 낮고 안정된 볼을 실수하는 경우가 많다.

P O I N T 4

폭넓은 발리 테크닉을
몸에 익힌다

복식에서는 단식에서보다 폭넓은 발리 테크닉이 필요하다. 발 밑으로 깔리게 리턴해 오면 침착하게 하프 발리로 응수하고, 로빙 볼에 대해서는 백 하이 발리로 받아친다. 이와 같은 샷을 구사하는 것은 단식에서도 큰 도움이 될 것이다.

복식 경기에서의 리시브

복식에서의 리시브는 단식에서와는 달리 스피드보다 컨트롤이 중요시된다. 상대가 발리를 하기 어렵게 만드는 중요한 테크닉이다.
발리의 범위가 좁기 때문에 위치를 단식에서보다 앞에 두는 것도 중요한 요소가 된다.
파트너에게는 상대의 포치에 대해서 항상 주의하도록 한다.

POINT 1

간결한 테크닉을 염두에 둔다.

복식에서의 리시브는 단식에서보다는 간결하게 테이크 백을 하는 것이 중요하다. 재빠른 리턴보다도 정확히 컨트롤된 볼을 발 밑으로 깔리도록 할 수 있다면 발리어를 움직이게 할 수가 있고, 또, 상대의 서비스에 부담을 줄 수가 있어 상대편의 퍼스트 서비스의 성공 확률도 낮아질 것이다. 그 결과 리시브하는 쪽의 브레이크 찬스가 많아진다.

리시브의 위치는
반 발 앞에서 잡는다.

플레이 범위가 단식보다 좁은 복식
에서의 리시브 위치는 반 발 앞으로
하고, 적극적으로 리턴해야 한다는
것을 염두에 두자.

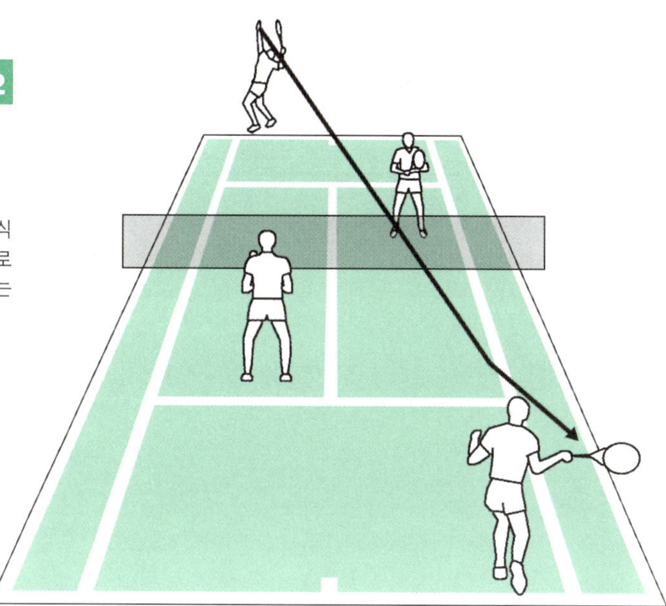

서비스를 빠른 타이밍으로 처리할
수 있게 되면, 상대측도 자리 잡기
가 쉽지 않아 리시브하는 쪽이 유리
하게 게임을 전개시킬 수 있다.

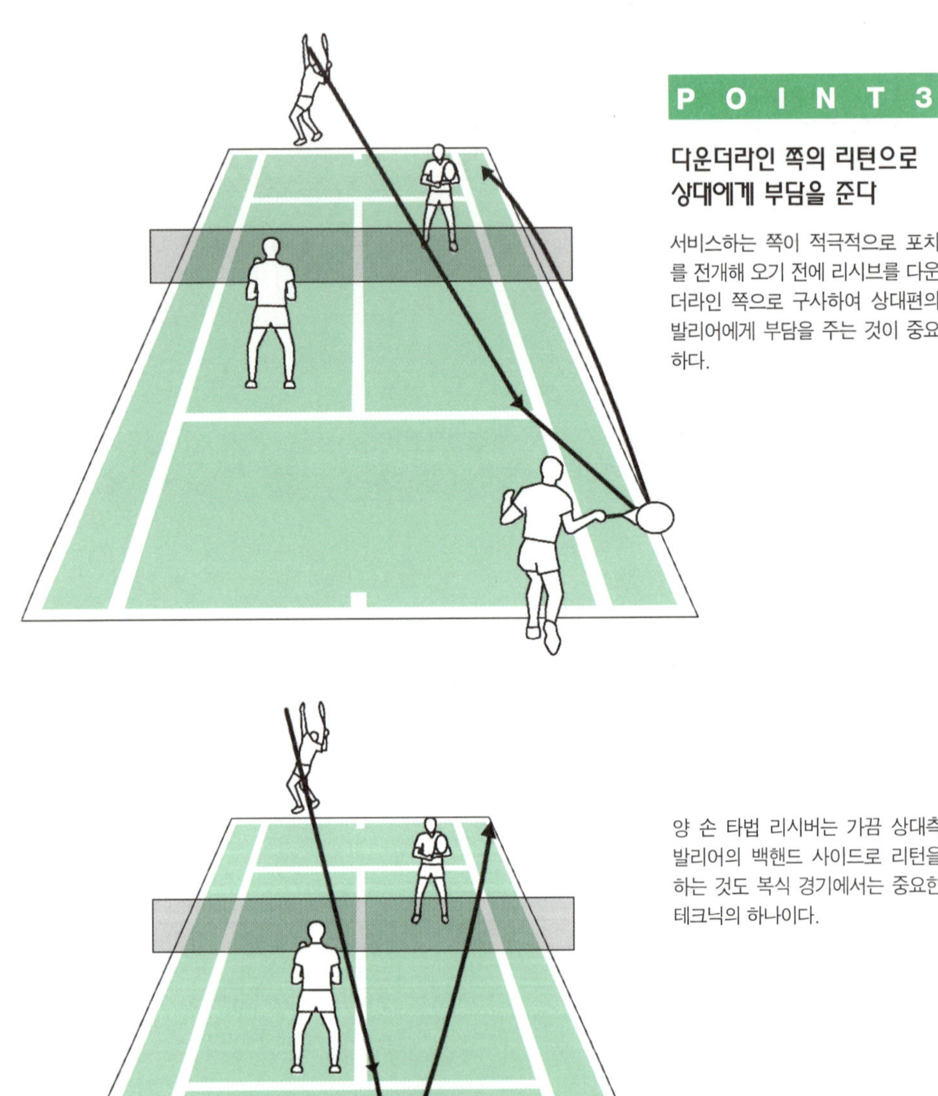

P O I N T 3

다운더라인 쪽의 리턴으로 상대에게 부담을 준다

서비스하는 쪽이 적극적으로 포치를 전개해 오기 전에 리시브를 다운더라인 쪽으로 구사하여 상대편의 발리어에게 부담을 주는 것이 중요하다.

양 손 타법 리시버는 가끔 상대측 발리어의 백핸드 사이드로 리턴을 하는 것도 복식 경기에서는 중요한 테크닉의 하나이다.

P O I N T 4

미들 코트로의 리턴을 통해 미스 확률을 줄인다

미들 코트로의 리턴은 미스 확률이 적다. 발리어는 리시브를 미들 코트로 보내는 것도 하나의 수단이 된다. 실수할 확률도 줄어들고 각도 있는 발리가 되돌아올 걱정도 없다.

리시브를 어디로 보낼 것인지 판단하지 못했을 때에는 미들 코트로 보낼 것을 권한다. 단, 파트너에게는 상대의 포치에 주의하도록 한다.

복식 경기에서의 낮고 안정된 볼

낮고 안정된 볼은 복식 경기에서 빼놓을 수 없는 테크닉이다. 상대를 네트로 나오게 하여
로브를 유도하는 등의 상황에서 중요한 역할을 한다. 보다 유리하게
게임을 전개하기 위해서는 낮고 안정된 볼에도 변화를 주어
상대의 타이밍을 뺏는 등의 작전도 필요하게 된다.

POINT 1

낮고 안정된 볼로 넘겨 발리어에게 포치를 시킨다

연습할 때의 감각으로 구사하는 낮고 안정된 볼은 기본적으로는 볼이 날아온 코스로 넘긴다. 가능하면 스핀이 약간 가미된 낮은 볼이 이상적이다.

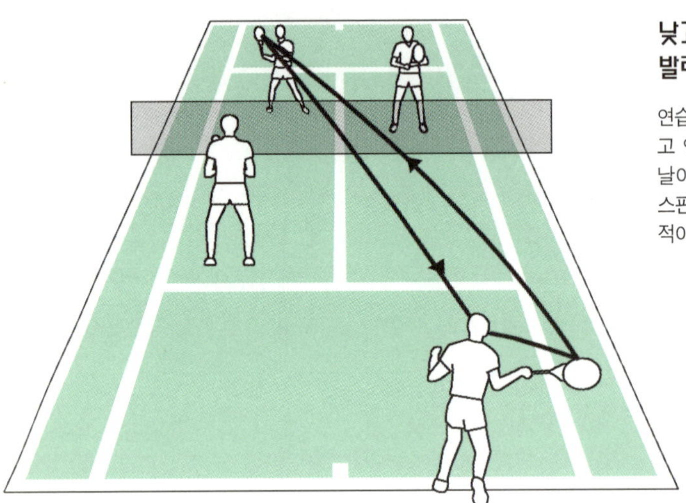

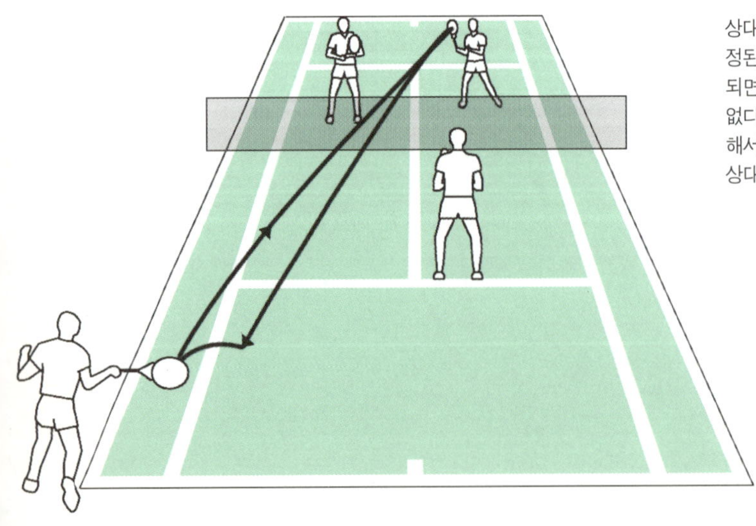

상대를 네트로 나오게 하는 낮고 안정된 볼을 구사할 수 있는 단계가 되면, 포치를 크게 걱정할 필요는 없다. 상대가 네트로 나와 있다고 해서 서두르지 말고, 침착하게 볼을 상대 쪽으로 넘기는 것이 중요하다.

낮고 안정된 볼을 몇 번 반복 한 다음에 로빙 타이밍을 취한다

로빙 볼을 구사하는 타이밍은 퍼스 트 발리 다음이 아니라 1, 2구, 낮 고 안정된 볼로 상대를 보다 네트에 가까이 접근시켜서 로빙 볼을 쳐올 리는 것이, 볼이 상대를 넘길 수 있 는 확률도 높아진다.

자신이 구사하는 샷을 상대가 예측 하지 못 하도록 낮고 안정된 볼과 동일한 자세로 로빙 볼을 처리하는 것이 비결이다. 볼이 상대를 넘길 수 있는 확률이 확실히 높아진다.

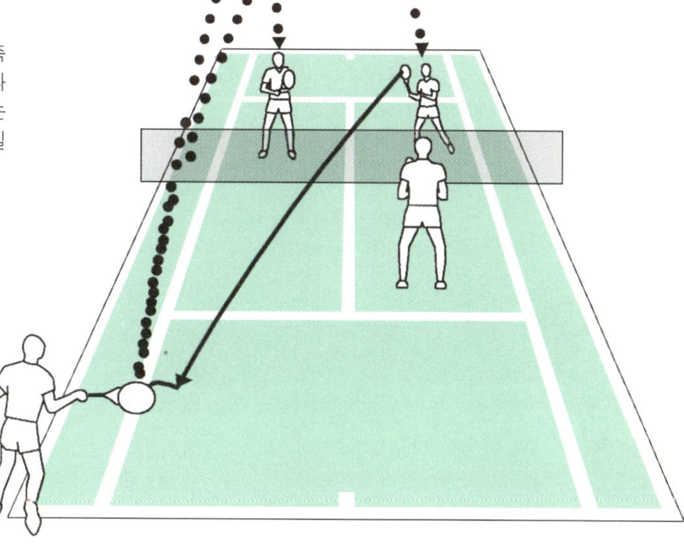

P O I N T 3

앵글 샷을 많이
구사하지 않는다

낮고 안정된 볼에서는 앵글 샷을 많이 구사하지 말 것. 왜냐하면 앞에 있는 사람이 다운더라인 쪽의 볼을 처리해야 하기 때문에 포치를 할 수 없게 되어, 상대가 앵글 볼을 구사하기가 수월하게 되기 때문이다.

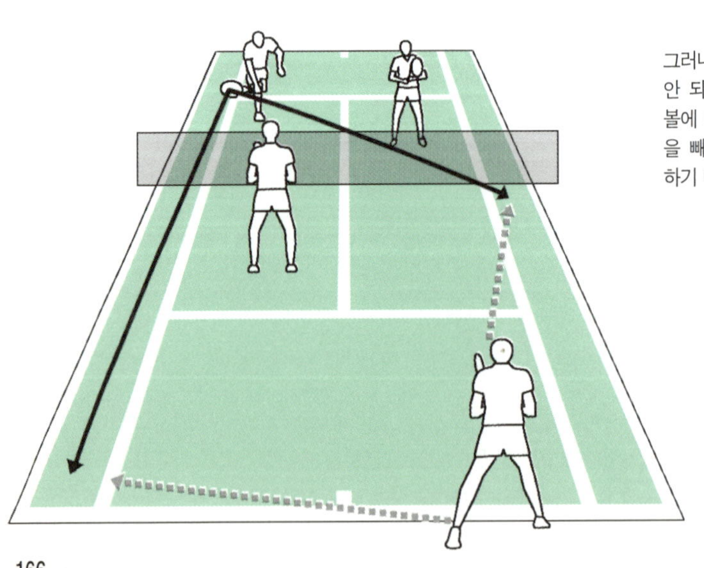

그러나, 절대로 앵글 샷을 구사하면 안 되는 것은 아니다. 낮고 안정된 볼에 변화를 주거나 상대의 타이밍을 빼앗을 수 있는 샷은 매우 중요하기 때문이다.

P O I N T 4

발리 경기가 미숙한
선수의 허를 찌른다

복식에서의 낮고 안정된 볼에서는 발리가 서투른 선수를 공략하는 것도 하나의 작전이다. 그렇게 함으로써 발리어인 파트너가 커버해야 할 범위도 넓어지기 때문에 상대 진영을 무너뜨릴 수 있다. 단, 발리가 미숙한 선수는 네트로 바짝 나오게 되는 경우가 많기 때문에 그럴 경우 진영을 무너뜨리고 나서 발리어의 허를 찌르던가, 로빙 볼을 활용하는 것도 유효한 수단이다.

키맨

복식은 서로의 커뮤니케이션으로 이루어지는 게임이다.
그러나 마지막까지 긴장을 풀지 않고 싸워 나가기 위해서는 키맨의 존재가 중요한 비중을 차지한다.

키맨의 역할

복식은 서로 보완하고, 커뮤니케이션하면서 플레이를 전개해야 한다. 서로의 장기인 플레이를 유효 적절히 활용하여 대등한 입장에서 플레이를 하지만, 키맨의 존재를 잊어서는 안 된다.

경기 중의 전략이나 흐름을 파악하는 것은 키맨을 중심으로 전개해 나간다. 항상 서로의 컨디션을 최상으로 유지해 게임을 풀어가는 것이 키맨의 역할이다.

예를 들면 맥켄로와 플레밍의 복식조에서는, 맥켄로가 항상 키맨으로써 파트너를 리드해 나갔다. 그러나 키맨의 컨디션이 좋지 않을 경우에는 파트너가 분위기를 만들어 가야 한다. 통상적으로 키맨은 복식 경기의 경험이 풍부하고 다채로운 테크닉을 지니고 있어야 하며, 침착하게 게임을 이끌어 갈 수가 있는 선수가 맡는다.

사이드

복식에서 서로의 이점을 활용해서 약점을 서로 보완해 주는 것은 중요하지만,
누가 어느 쪽 사이드에 설 것인가를 정하는 것도 매우 중요하다.

사이드를 정하는 방법

원칙적으로는 포핸드가 장기인 선수가 듀스 사이드(포핸드 사이드), 백핸드가 장기인 선수가 어드밴티지 사이드(백핸드 사이드)가 된다. 또한, 왼손잡이인 선수도 어드밴티지 사이드에 선다.

정신적인 부담을 잘 극복할 수 있는 선수가 어드밴티지 사이드를 지켜야 경기를 유리하게 전개할 수 있다. 듀스 사이드를 지키는 선수는 백핸드로 역크로스를 구사할 수 있어야 하고, 어드밴티지 사이드를 지키는 선수는 리시브 대시를 할 수 있어야 하는 등의 테크닉도 요구된다.

복식에서는 서비스의 종류가 다양하기 때문에 만일 두 선수 모두 포핸드가 장기라면, 정확한 테크닉을 구사할 수 있는 선수가 어드밴티지 사이드에 서야 한다.

특징＼사이드	어드밴티지 사이드	듀스 사이드
백핸드 샷이 미숙하다	✕	○
왼손잡이 선수	○	✕
정신적 부담에 강하다	○	✕
백핸드로 역크로스를 구사할 수 있다	✕	○
리시브 대시를 할 수 있다	○	○
테크닉이 있다	○	✕

COLUMN

이른바 자기 자신과의 싸움인 개인전에서의 정신적인 부담과는 다르겠지만, 단체전에서도 그 나름대로의 정신적 부담이 있다.

합숙 기간 중에는 팀 메이트와의 연습이나 식사 등을 통해서 행동을 같이 하기 때문에 개인전보다 심리적인 부담은 덜 하겠지만, 반면에 데이비스컵이나 페더레이션컵과 같은 경기에서는 국가의 명예가 달려 있기 때문에, 국가(國歌)를 듣고 있을 때나 스코어보드에 쓰여진 국명을 보게 되었을 때, 지금까지 경험해 보지 못한 중압감을 느끼는 선수도 많다고 한다. 이 중압감을 없애기 위해서는 단체전이라 하더라도 팀이나 국가를 위해 싸우는 것이 아니라, 어디까지나 자기 자신을 위해서 싸운다는 생각으로 경기에 임하는 것이 비결이라 하겠다.

정신 훈련과 스케줄편

개인과 개인의 싸움인 테니스에서는 정신력이 중요

팀 플레이를 요하는 스포츠와는 달리 개개인이
맞붙는 경기인 테니스에서는 경기에 임하는
부담도 개인이 짊어지게 된다.
그것을 극복하고 자신의 실력을 충분히 발휘하기
위해서는 강한 정신력을 필요로 한다.
경기에서 긴장감을 덜기 위해서는 심리적인
컨트롤, 호흡 방법 등이 중요하지만,
자기 자신에게 불필요한 부담을 주지 않기 위한
스케줄 관리도 중요하다.

상대방의 경기를 관전한다

대전 상대의 경기를 관전하는 것은 경기 당일의 컨디션이나 전략을 파악하기 위해 꼭 필요하다.

**상대의 경기를
관전할 때의
10가지
체크 포인트**

앞으로 경기를 가질 상대방의 경기를 관전하는 것은 대단히 중요한 일이다. 경기를 관전할 때, 단지 게임의 흐름만을 파악하려 하지 말자. 특히 처음 격돌하는 선수인 경우, 상대의 개성이나 버릇, 약점 등을 파악하기 위해서라도 상대방의 플레이를 정확히 체크한다. 다음의 10가지 포인트가 체크 항목이다.

1. **상대가 어떤 스타일의 선수인지를 판단한다.**
   스트로커인지 네트 플레이어인지 혹은 올라운드 플레이어인지를 판단한다.
2. **상대가 주무기로 구사하는 샷을 체크한다.**
   백핸드나 톱 스핀이 장기인지, 라이징이 장기인지를 파악한다.
3. **상대의 약점을 파악한다.**
4. **깊숙한 볼, 짧은 볼 등을 어떻게 처리하는지 파악한다.**
5. **상대가 주로 구사하는 전략을 파악한다.**
6. **상대가 구사하지 않는 전략을 파악한다.**
7. **자신의 플레이 스타일을 연상하면서 상대와 가상으로 대전해 본다.**
8. **상대가 심리전에서 어떻게 대응하는지 파악한다.**
9. **경기 후반에서의 심리 상태를 분석한다.**
10. **기후 조건에 어떻게 대응하고 있는지를 파악한다.**
    더위에 약한 상대라면 게임을 천천히 전개하는 등의 전략을 고려해 본다.

테니스에서의 호흡

테니스에서의 호흡은 단지 숨을 가다듬는 것만이 아니라 스윙과도 밀접한 관계가 있다.
또한, 경기 중의 긴장감을 푸는 데도 유효하다.

호흡과 스윙의 관계	테니스에서의 호흡은 테이크 백을 완료할 때까지 숨을 들이쉬다가 포워드 스윙과 동시에 숨을 내 쉬는 것이 기본이다. 임팩트 순간에 내쉬는 것은 아니다. 숨을 내쉬는 길이에 의해서 폴로스루의 길이도 달라진다. 스윙 속도를 높여야 할 때에는 순간적으로, 스윙 속도를 완만하게 하고 싶을 때에는 천천히 내쉰다.

테니스에서의 호흡은 테이크 백을 완료할 때까지 숨을 들이쉬다가 포워드 스윙과 동시에 숨을 내 쉬는 것이 기본이다. 임팩트 순간에 내쉬는 것은 아니다. 숨을 내쉬는 길이에 의해서 폴로스루의 길이도 달라진다. 스윙 속도를 높여야 할 때에는 순간적으로, 스윙 속도를 완만하게 하고 싶을 때에는 천천히 내쉰다.

톱 플레이어의 예를 들어보면, 모니카 셀레스와 같은 경우, 단번에 숨을 내쉼으로써 강력한 샷을 구사하고, 크릭스타인의 경우 백핸드로 폴로스루를 길게 하기 위해서 숨을 길게 내쉰다.

프로 선수들은 볼을 가격하는 순간에 곧잘 소리를 지르는데, 그것도 숨을 내쉬고 있다는 증거이다. 또한 랠리 중에도 완벽한 호흡을 하고 있다. 아무리 어려운 랠리에서도 긴장해서 숨을 멈춰서는 안 된다.

호흡으로 긴장을 푼다

경기가 한창 진행 중일 때에는 긴장하기 마련이다. 긴장 상태라 함은 체내의 산소가 부족한 상태이기 때문에 호흡을 함으로써 긴장 상태가 풀리게 된다.

특히, 심호흡을 크게 하면 효과가 있다. 호흡 방법으로는 복식(複式) 호흡이나 심호흡을 하고 나서 한 번 더 짧게 숨을 들이마신 후 순간적으로 내쉬는 더블(double) 호흡이 효과적이다.

코트를 바꿀 때 의식적으로 깊은 심호흡을 통해 신체의 긴장을 풀어 주는 것도 하나의 방법이다.

심리 컨트롤

게임의 승패는 정신적인 면에서 좌우되는 경우가 많다.
경기 중에 기술적인 측면보다, 심리적인 부담으로 경기의 집중력을 잃고 어처구니없는 실수를 하게 되어 경기를 망칠 수도 있다. 그러한 결과를 초래하지 않기 위해서라도 일상적으로 기술적인 측면과 함께 정신적인 단련을 위해서 마음을 컨트롤하는 훈련을 해야 한다.

볼의 회전을 관찰한다

마음을 컨트롤하는 것은 집중력을 높이기 위함이다. 집중하고 있는 상태에서는 무의식적으로 볼만 보이게 된다. 상대 서버가 서비스를 구사할 때부터 볼만 보이게 되는데, 세계적인 일류 선수들은 의식적으로 그런 상태를 만들 수 있다고 한다. 하지만, 일반적으로는 좀처럼 그렇게 되기가 어렵다. 집중력을 높이기 위해서는 어떻게 하면 좋을까?

일반적으로 「볼을 잘 본다」라고 말하지만 그것만으로는 충분하지 않다. 한 걸음 더 나아가 볼이 어떤 회전을 하고 있는지를 확인함으로써 볼에 집중할 수 있다. 의식적으로 「승리」, 「테크닉」이라는 말들은 각인시키지 말고, 볼에만 온 신경을 집중하여 심리적인 긴장을 풀어준다. 볼의 회전 상태를 확실하게 파악하지 못 하더라도, 그렇게 하려는 의지만으로도 집중 상태에 가까워진다.

주의할 점으로는 「테이크 백은 신속하게」라든지 「타점을 높게」 등의 단어는 생각하지 말아야 한다는 것이다. 그러한 단어들을 생각하게 되면 뇌 속에서 언어를 처리하는 시간을 낭비하게 되므로 근육 활동이 늦어지게 된다. 그것은 순간적인 일이지만, 테니스 경기에서는 그 순간이 중요하게 작용하는 경우가 많다.

이미지 트레이닝

일상적인 연습이나 경기 중에 자신이 생각한 대로, 확률 높은 샷을 구사하기 위해서는 그 샷의 이미지를 정확하게 머리 속으로 그려낼 수 있는 능력이 필요하다. 그것이 바로 이미지 트레이닝이다. 그러한 이미지 트레이닝을 반복함으로써 자신의 주특기인 샷이 더욱 빛을 발할 수 있다.

연습에서의 이미지

기술적인 트레이닝을 할 때 주로 「라켓의 궤도」를 연상해 본다. 예를 들면 「문을 연다」에서 손이나 발을 어떻게 움직일 것인가를 연상한다면 평상시와 비교해서 부자연스런 움직임이 된다. 하지만 「문이 열린다」는 이미지를 가지면 평소의 자연스러운 행동이 될 것이다. 이와 같이 라켓이 어떻게 움직이고 있는지를 강하게 연상하게 되면 인간의 몸은 자연적으로 그 동작을 위한 준비에 들어가게 된다.

경기에서의 이미지

경기에서는 기술적인 측면보다는 「볼의 궤도」를 연상하는 것이 좋다. 볼이 어느 정도의 스피드, 어느 정도의 높이로 움직이는지를 연상할 수 있다면 평소대로 볼을 쳐낼 수가 있다. 서비스나 톱 스핀 로브 등은 그 대표적인 샷이다. 샷을 구사하기 전에 그러한 점을 연상할 수 있다면 에이스로 연결될 확률이 높아진다.

신체의 신기한 특성

「근육을 움직인다」라든지 「팔, 발을 움직인다」라고 연상하기보다는 라켓, 볼 등이 움직이고 있는 장면을 연상하는 것이 몸을 유연하고 자연스럽게 움직일 수가 있다.

목표 관리

어느 수준을 목표로 할 것인지를 정하고, 그 목표를 달성하기 위해서 어떠한 연습을 할 것인가를
조정하는 것이 목표 관리의 중요한 포인트이다. 단기, 중기, 장기 등에 따라 목표를 정하는 방법이
달라지기 때문에, 각자가 자기 자신에게 맞는 목표를
세워서 그에 맞는 연습을 하는 것이 실력 향상으로 이어지는 포인트이다.

단기 목표

오늘, 내일의 연습에서는 자신의 장점을 키운다든지 약점을 강화한다, 또는 새로운 테크닉을 몸에 익힌다 등을 중점으로 목표를 정한다. 경기 전에는 연습 경기를 통해 경기의 감각을 몸에 익히도록 한다. 대부분의 선수들은 그러한 단기적인 목표를 설정하고 테니스를 하고 있다. 그 단기적인 목표에서 중요한 사항은 플레이를 조정하는 점도 있겠지만, 몸의 컨디션을 조정하는 것도 중요하다. 테니스는 단기간에 발전하지는 않지만, 컨디션을 가장 좋은 상태로 유지하는 것은 어느 누구나 할 수 있기 때문이다.

중기 목표

자기 자신이 목표로 하는 대회, 랭킹에 맞춰서 조화 있는 스케줄로, 자신의 포인트 패턴을 만들어 자신의 이상적인 테니스를 목표로 연습한다. 또, 대회를 통해서 성적뿐 아니라 자신이 이상적으로 생각하는 테니스를 했는지 체크한다. 대회를 선택하는 방법도 자기 수준에 맞는 대회에서부터 순위를 한 단계 올릴 수 있는 대회 등으로 수준을 높여 가면서 최종적인 목표가 되는 대회 순으로 도전하는 것이 가장 바람직한 방법이다.

장기 목표

테니스를 시작했을 때부터 갖게 되는 궁극적인 목표이고, 이 목표는 테니스를 계속하는 한 변하지 않는 목표이다. 랭킹을 향상시키는 방법으로는, 최종 목표가 세계 1위라면 우선 세계 100위의 순위를 목표로 하고, 다음에는 50위로 목표를 정한다. 그리고 유지하기가 어렵다는 10~20위 권에서 안정된다면 기회를 노려 세계 10위 권을 노린다. 1년간 부상 없이 일정한 성적을 남기고, 그랜드 슬램 대회에서 우승할 수 있다면 세계 1위는 저절로 이루어진다.

지원

부모의 역할

아이들에게 있어서 테니스는 어디까지나 인격 형성의 일환이라고 생각해야 한다. 그 결과 능력이 출중하다면 프로의 길을 걷게 하면 되는 것이다. 이 시기부터 부모의 지원이 필요하게 된다.

코치와 다른 점은, 코치는 주로 기술이나 경기에 관한 테크닉을 지도하고, 부모는 정신적인 부분을 지원하는 역할을 한다는 것이다. 그리고 아이에 대한 모든 책임은 부모에게 있다. 그 이유는 아이의 장래에 대한 결정권은 부모가 쥐고 있기 때문이다.

부모와 코치의 커뮤니케이션은 매우 중요하고, 코치는 부모의 생각을 반영해 테니스를 지도해 나갈 필요가 있다. 코치는 지도상 아이에게 엄하게 대할 때도 있으므로, 부모는 아이에게 인자하게 대할 필요도 있다.

하지만 부모가 아이에게 무조건 동조한다면 어리광을 부리게 된다. 아이를 동등한 인격체로 대하고 대등한 입장에서 대화하자. 그러한 것들이 부모의 가장 중요한 역할이다.

아이들은 승패에만 집착하는 부모에게는 자신의 감정을 표현할 수 없기 때문에 세심한 주의가 필요하다. 부모의 가치관을 아이에게 강요하는 것은 피해야 할 가장 중요한 점이다.

개인 코치

개인 코치는 선수의 생활을 파악해서 지도해야 한다. 고난도의 테크닉을 가르치는 것 이상으로 코치의 인격도 중요하다. 성인군자일 필요는 없겠지만 적어도 선수에게 존경받는 사람이어야 한다. 또, 강인한 정신력을 갖출 수 있도록 정신적인 훈련도 지도할 수 있어야 하며, 전략적인 측면을 지도함으로써 게임을 잘 파악할 수 있도록 해야 한다.

연간 스케줄 관리

여러 경기에 참전한다. 경기 참전 중, 어느 경기를 목표로 해서 자신의 테니스를 최상의 상태로 만들어 갈 것인가의 조절도 상당히 중요하다. 그러한 조절을 위해서 필요한 것이 스케줄 관리이다.
여기에서는 어느 대학 선수의 연간 스케줄을 살펴보자.

	전 반	후 반
1월	동계 훈련(체력 80%, 기술 20%)	
2월	동계 훈련(체력 40%, 기술 60%)	시즌 대비 연습 경기
3월	춘계 대학 연맹전	종별 선수권
4월	휴식 기간	케미컬 코트 적응 훈련
5월	서킷 대회(1차)	서킷 대회(2차)
6월	클레이 크트 훈련(시합 전술)	하계 연맹전
7월	전국체전 예선전	하절기 휴가
8월	하절기 휴가	전국체전 대비 클레이 코트 훈련
9월	시합 대비 연습 경기	전국체전
10월	추계 대학 연맹전	대통령기 단체전
11월	전한국 선수권 대회	우수 선수 초청 경기
12월	아시아 대학 선수권 대회	휴식 기간

장기 스케줄 관리

주니어 시절부터 테니스를 시작한 선수에게 어느 정도의 연령에서 어떤 테크닉을 몸에 익히게 하는가
하는 스케줄 관리가 이후의 테니스의 실력 향상에 있어서 중요한 포인트가 된다.
여기에서는 주니어의 육성 프로그램을 예로 들어 장기간에 걸친 스케줄 관리가 어떻게 구성되어
있는가를 파악해 보자.

8세까지	초등학생	테니스뿐만 아니라 놀이나 다른 종목의 운동을 통해 균형 있는 운동 능력·신체 능력을 개발한다.
10세까지		신체적인 조화 능력을 향상시키기 위한 기초 트레이닝이나 기술적인 트레이닝을 시작한다. 테니스에서의 아이디어 발상, 목적의식 등을 부여한다.
12~14세까지	중학생	기초적인 테크닉을 지도한다. 기초 체력을 향상시킨다. ●중학생 때부터 테니스를 시작한 사람은 초등학교 졸업 때까지 빠진 부분을 보충해 준다.
16~18세까지	고등학생	테니스의 테크닉 완성을 목표로 한다. 장래의 선택을 한다.(단기＝플레이 스타일·장기＝인생 설계)
20세까지	대학생 사회인	자신이 선택한 길에 맞는 전문적 트레이닝

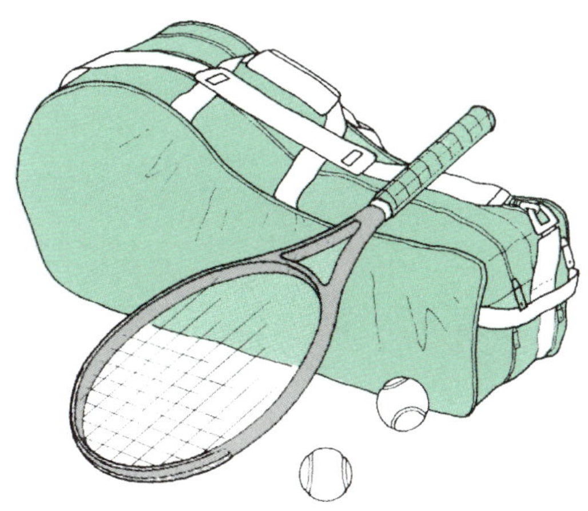

집중력을 향상시키는 트레이닝

경기에서 자신이 생각한 대로의 샷을 구사하기 위한 조건으로 집중력을 빼놓을 수 없다. 일상의 트레이닝에서 집중력을 향상시키는 연습을 병행하는 것이 실력 향상을 위한 필수 조건이다.

선수는 항상 자신이 공격하는 볼을 연상하면서, 확실하게 목표를 파악하도록 좋은 이미지로 볼을 가격하는 것을 연상한다. 집중력을 높이기 위해서는 정해진 타깃에 맞추는 훈련을 반복하면 효과적이다. 경기 전에는 자신의 약점인 기술에 대해 의식적으로 많은 양의 연습을 하지 말도록 하자. 오히려 자신의 주특기를 반복 연습하는 것이 높은 집중력을 유지할 수 있다.

연습 중에 타깃을 세운다

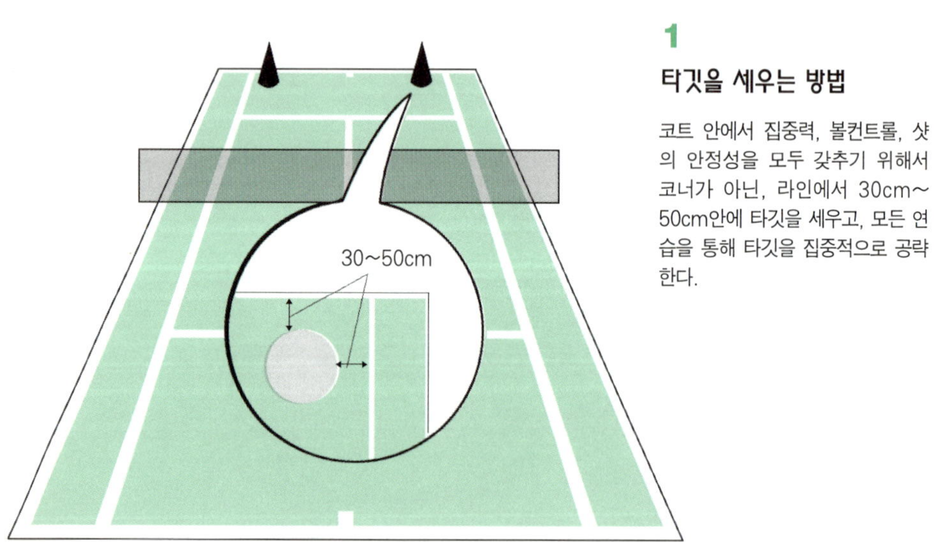

1

타깃을 세우는 방법

코트 안에서 집중력, 볼컨트롤, 샷의 안정성을 모두 갖추기 위해서 코너가 아닌, 라인에서 30cm~50cm안에 타깃을 세우고, 모든 연습을 통해 타깃을 집중적으로 공략한다.

2

랠리 연습에서의 타깃

서로가 타깃을 노려 크로스 코트 랠
리를 진행하고 짧은 볼이 오면 다운
더라인 쪽으로 받아친다.
(1사이드 5분간×2)

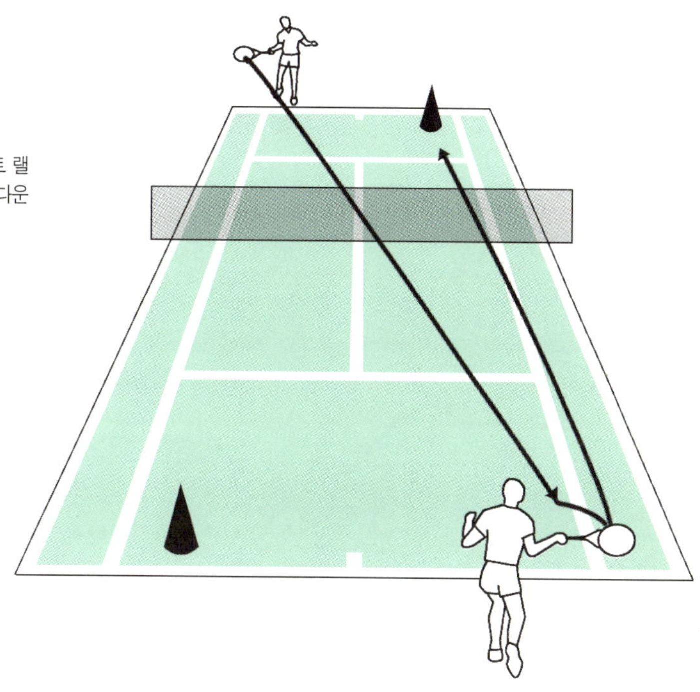

3

서비스 연습에서의 타깃

센터, 바디, 크로스 코트의 3곳에 타
깃을 세우고, 집중력을 높이면서 각
각의 타깃을 겨냥한 서비스 연습을
한다.(1코스 10구×3코스×양면)

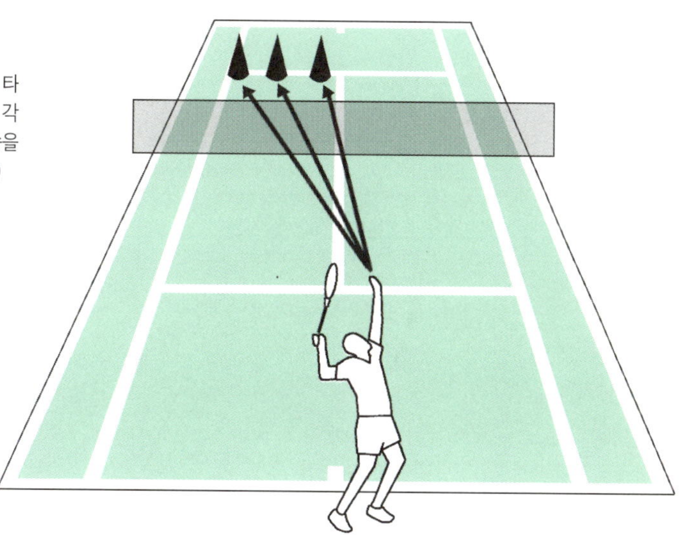

트레이닝 메뉴

일상의 트레이닝에서는 주특기인 샷이나 미흡한 샷만을 집중적으로
연습하는 것이 아니라, 전체적인 밸런스를 갖춘 메뉴를 설정하는 것이 중요하다.
다음에 어느 일류 선수의 워밍업 종료 후까지의 트레이닝 메뉴를 소개한다.
이것을 참고로 각각의 수준과 목표에 맞는 트레이닝 메뉴를 설정해 보자.

1

미니 테니스

이것은 동적 스트레칭의 일환으로
진행하는 것이다. 이 훈련을 통해
테니스에 필요한 근육의 준비를 해
두자. 1~2분간.

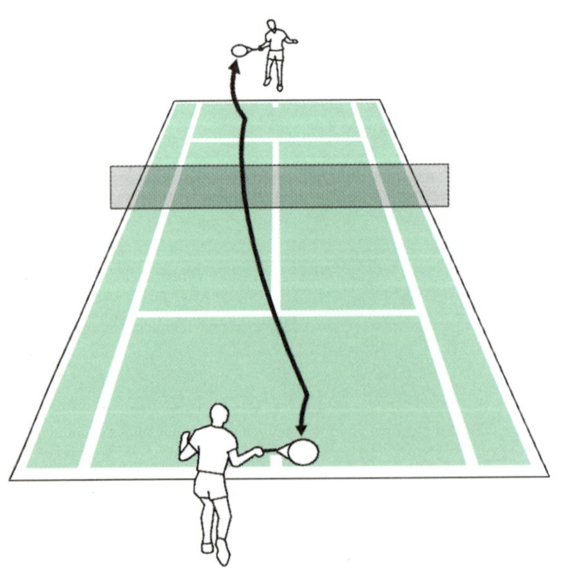

2

센터 랠리

천천히 진행하여 상대가 치기 쉬운
볼이 되도록 하자. 15분간.

3

크로스 코트 랠리

기본적인 테니스를 전개하기 위한
트레이닝이다. 포핸드 사이드와 백
핸드 사이드 각각에 대해 실시한다.
포핸드 사이드, 백핸드 사이드 각
10분 합계 20분.

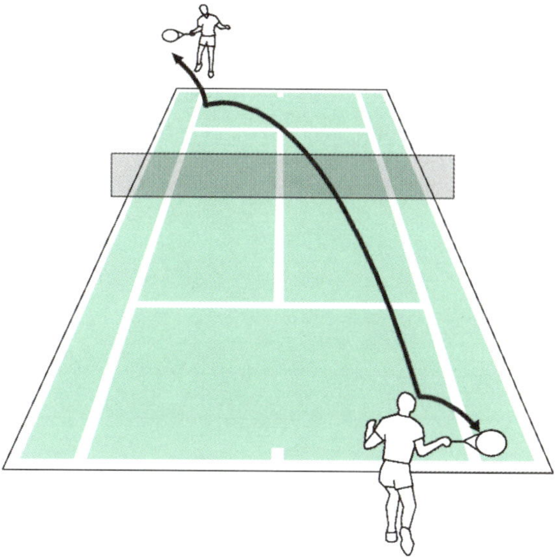

4

네트 대 스트로크

코치는 반 쪽 면, 선수는 한 면을 이
용해서 네트, 스트로크 각각에 대해
서 실시한다. 이 트레이닝에서는 찬
스 볼이 될 경우 볼을 오픈 코트로
보내도록 한다.
포핸드 사이드 5분, 백핸드 사이드
5분 합계 10분.

5

위닝 샷

코치가 서비스 라인 부근에서 볼을
쳐주도록 하고, 포핸드 사이드, 백핸
드 사이드로 전환해 가면서 쳐낸다.
포핸드 사이드, 백핸드 사이드 각
20구 합계 40구.

6

스트로크 대 발리

코치의 스트로크에 대한 발리 연습.
다음의 어프로치 & 발리의 트레이
닝 워밍업으로 진행한다.
10분.

7

스트로크 대 어프로치 & 발리

코치가 반쪽 면에 서서 스트로크를
구사하고, 선수는 어프로치 샷 &발
리 연습을 한다.
포핸드 사이드, 백핸드 사이드 각 5
분 합계 10분.

8

발리 & 스매시의 믹스 랠리

코치는 반쪽 면에 서서 낮고 안정된
볼과 로빙 볼을 교대로 구사한다.
선수는 발리와 스매시로 받아친다.
포핸드 사이드 3분, 백핸드 사이드
3분 합계 6분.

9

리턴

코치는 베이스 라인에서 한 발 앞쪽
에 위치해 서비스를 넣고, 포핸드 사
이드, 백핸드 사이드, 세컨드 서비스
의 리턴 연습을 한다.
포핸드 리턴, 백핸드 리턴의 리턴 각
10구×듀스 사이드, 어드밴티지 사
이드 합계 60구.

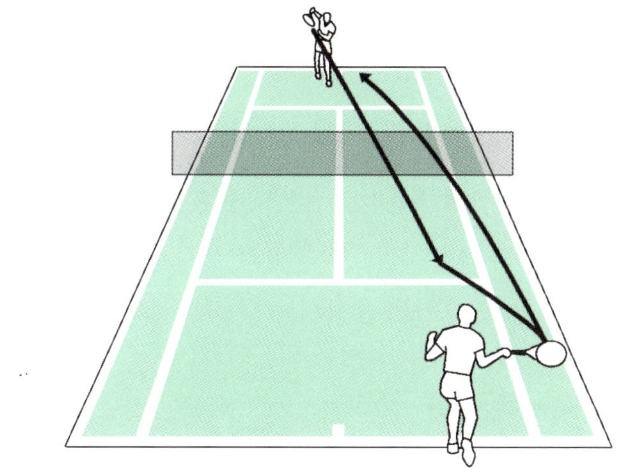

10

서비스

센터, 바디, 크로스 코트의 3곳에 타
깃을 세우고 집중력을 높이면서 각
각의 타깃을 겨냥한 서비스 연습을
진행한다.
(1코스 10구×3코스×양 사이드×
퍼스트 서브, 세컨드 서브)

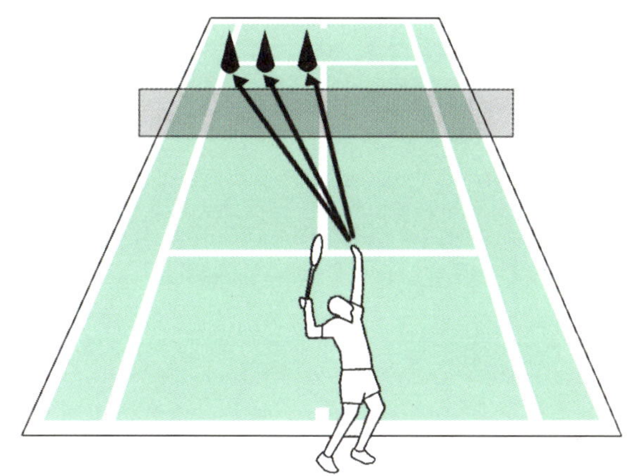

●각 메뉴의 사이마다 3분 정도 휴식한다.
●경기 1주일 전부터 각각의 연습 시간을 반으로 나눠 세트 연습을 하거
  나, 전체 시간을 30분 정도로 줄여서 서비스까지 포함한 대략의 샷 연
  습을 마친 후에 세트 연습을 진행하도록 한다. 그 후 세트 연습에서 부
  족하다고 생각되는 점, 자신의 문제점, 주특기인 샷의 연습을 진행한다.

경기 당일 보내기

경기 직전의 조절을 잘못하게 되면, 연습에서 익힌 기술을 마음대로
발휘할 수 없게 되거나, 생각지 않은 부상을 당하게 된다.
경기 당일을 어떻게 보내느냐는, 만족할 만한 경기를 펼치기 위한 중요한 요소가 된다.

오후 1시에 경기가 시작되는 경우

07:30	아침에 일어나면 따뜻하게 샤워를 하거나 목욕을 하고 눈을 뜨자마자 근육을 풀어준다.
08:00	정성 들여 정적인 스트레칭을 한다(30분 정도).
08:30	아침을 먹는다.
10:30	동적인 스트레칭을 포함한 연습(30~45분 정도). 몸을 따뜻하게 하고, 타구 감각, 근육의 상태를 체크한다. 대전 상대를 염두에 둔 연습을 1~2회 실시한다. ※단, 저녁 무렵에 경기가 있는 경우에는 경기 1시간 전에 한 번 더 연습을 한다.
11:30	점심을 먹는다.
12:30	정적인 스트레칭을 하면서 이미지 트레이닝으로 집중력을 향상시킨다.
13:30	경기
15:00	경기 후의 연습. 경기 중에 미흡했던 샷과 자신의 주특기 연습(30~60분 정도).
16:00	동적인 스트레칭(조깅 등)
16:30	정적인 스트레칭
17:00	샤워를 하고 마사지를 받는다.
19:00	저녁을 먹고 목욕을 한다.

경기를 기다린다

●코치와의 최종 체크
　자신의 테니스 상태(코치가 본 견해)를 확인한다.
　상대와 대전하기 위한 전략을 세운다.

●라켓의 조임 상태나 그립 테이프 체크

●수분 섭취 체크

●탈의실에서 이미지 트레이닝을 통해 집중력을 높인다.
　※잘 긴장하는 선수는 경기 전에 2~3명과 함께 시간을 보내는 것도
　　긴장을 푸는 방법이다.

5분간 워밍업

●그 날의 컨디션, 기분을 체크
　몸 상태 체크 → 몸의 움직임은 어떤지, 풋워크는 경쾌한지 등
　감각(오감) 체크 → 손에 전해오는 타구의 감각은 어떤가

●평범한 실수를 하지 않도록 하여 상대에게 부담을 준다.

●땀이 날 정도로 몸을 움직여 워밍업 효과를 높인다.

●대전 상대의 버릇을 확인한다.
　한가운데로 오는 볼을 어느 쪽으로 공략할 것인지를 체크해서 자신있
　는 사이드를 확인해 둔다(스트로크, 발리).
　미스가 많은 샷이나 상대가 염려하고 있는 샷을 체크한다.

응원의 의의

서포터의 존재는 선수에게 있어서 중요한 부분이다. 선수는 서포터의 응원에 의해 열세를 만회하기도 하고, 역전시킬 수도 있기 때문이다. 선수 입장에서 보면 경기 중에 없어서는 안 되는 것이 바로 서포터의 응원이라고 말할 수 있다. 스웨덴이나 네덜란드 등의 열광적인 서포터의 응원은 세계적으로도 유명하다. 이러한 응원도 선수의 플레이에 일익을 담당하고 있다.

신체 단련편

테크닉을 아무리 익히려고 해도 몸이 따라 주지
않으면 기술의 향상은 기대하기 어렵다.
약점을 극복하는 트레이닝이나 부상 방지로 연결
되는 스트레칭, 영양 섭취 등을 통해 실력 향상의
발판이 되는 몸을 만들도록 하자.

근력 기르기

각각의 샷을 연마하기 위해서 필요한 근육을 강화하는 것은 실력 향상을 위한 중요한 요소이다.
몸이 완벽하게 준비되기 전에는 여러 요소의 코디네이션 능력을 기르는 것이 중요하지만, 15세 이상의
연령에서는 구체적인 근력 트레이닝을 실시하는 것이 필요하다.

1. 스트로크 강화를 위한 근력 기르기

엉덩이 근육을 단련한다

WEIGHT TRAINING
스쿼트

통상적인 스쿼트는 의자에 앉아 있
는 것처럼 무릎을 구부리는, 아래쪽
으로의 운동을 중요시 하지만, 테니
스의 근력 트레이닝에서는 위쪽으로
의 운동이 중요하다.

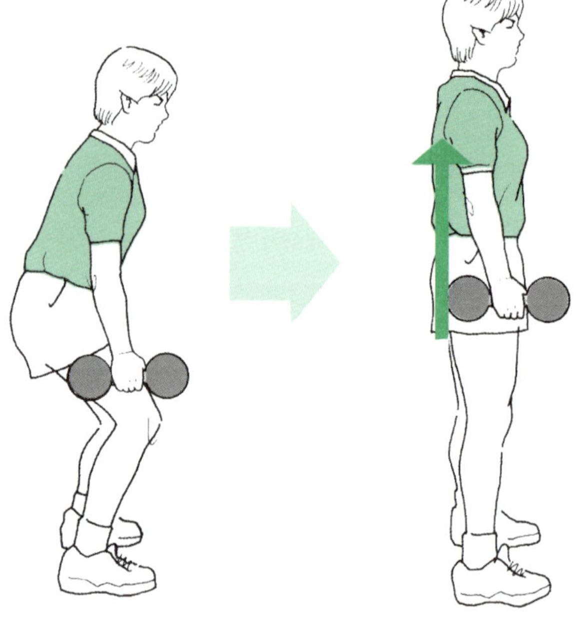

1

아령을 양 손에 쥐고 발을 벌리고 서
서 가볍게 무릎을 구부린다.

2

위로 움직이는 힘을 이용해서 무릎
을 편다.

2. 발리 강화를 위한 근력 기르기

어깨와 악력을 단련한다

리스트 컬

벤치에 발을 가볍게 벌리고 앉아서
양 손으로 아령을 언더그립으로 쥐고
무릎 아래 부분에서부터 손목을 이용
하여 감아 올리듯이 들어올린다.

리버스 리스트 컬

벤치에 발을 가볍게 벌리고 앉아서
양 손으로 아령을 프런트 그립으로
쥐고 무릎 아래에서부터 손목을 이
용하여 감아 올리듯이 들어올린다.

3. 서비스 강화를 위한 근력 기르기

가슴의 탄력을 단련한다

래터럴 레이즈

1

숨을 들이마시면서 양 팔을 천천히
좌우로 벌린다.

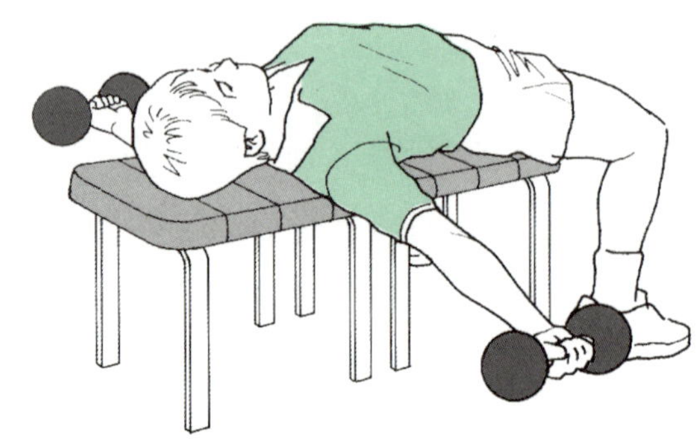

2

벤치에 누워서 양 발을 지면에 댄 채
로 양 손에 아령을 쥐고 팔을 가슴
위로 똑바로 편다.

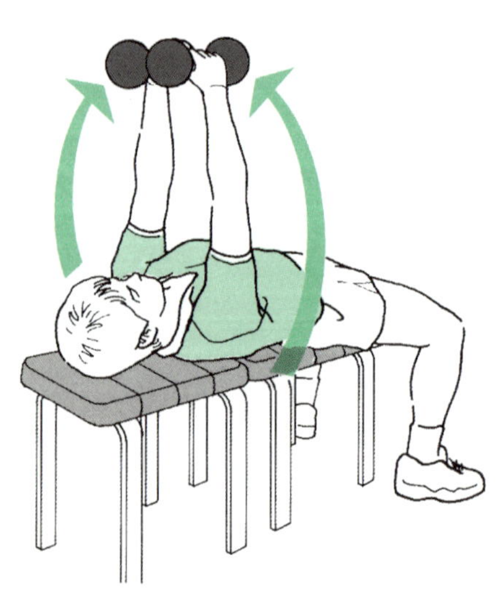

스트레이트 암 풀 오버

1

벤치에 누워서 양 발을 지면에 댄 채
로 손바닥으로 받치듯이 양 손에 아
령을 들고 가슴 위쪽으로 향하며 팔
을 편 채로 뒤로 뺀다.

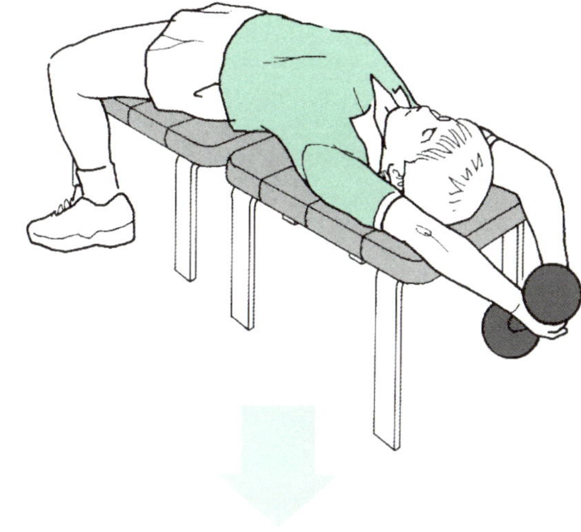

2

원 상태로 돌아온다.

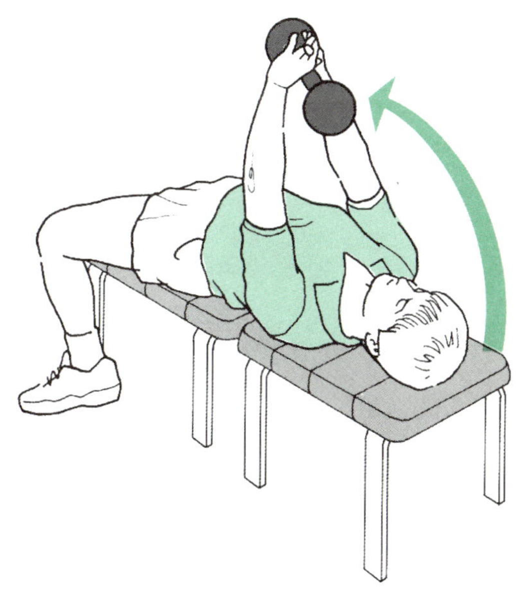

4. 순발력을 위한 트레이닝

단거리 대시

상체는 자세를 낮게 하여 발뒤꿈치가 아니라 엄지 발가락부분으로 지면을 때리듯이 신속하게 발을 움직인다. 테니스 코트의 베이스 라인에서부터 네트까지의 거리(약 12m)를 기본으로 해서 실시함으로써 코트의 커버링이 보다 빠르게 된다. 20초 간격으로 8번을 1세트로 해서 1~3회 실시한다.

5. 몸의 밸런스를 위한 트레이닝

뒤로 달리기

어디까지나 밸런스를 유지하기 위한 트레이닝이기 때문에 속도보다는 균형을 유지하면서 달리면 효과가 있다.

6. 몸의 탄력을 기르는 트레이닝

더블 니 점프

오픈 니 점프

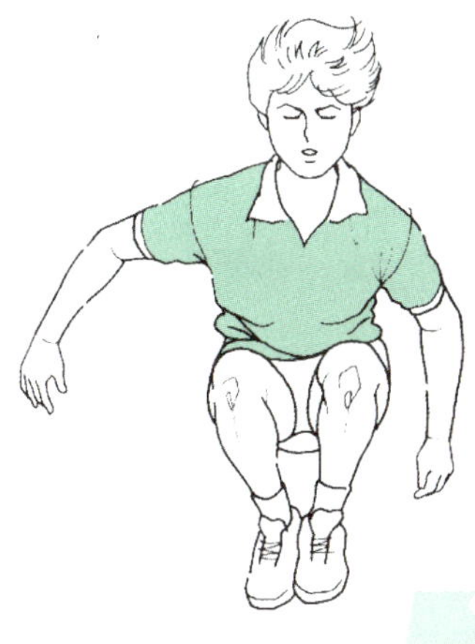

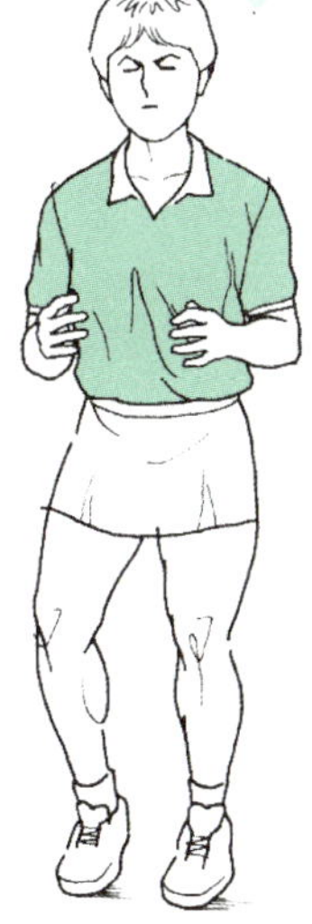

2

팔의 탄력과 무릎을 이용하여 양 무릎을 구부려 가슴에 닿도록 점프한다.

2

팔의 탄력과 무릎을 이용하여 양 발을 좌우로 벌려 손에 닿도록 점프한다.
각각 10회×2
교대로 10회×1

1

무릎을 가볍게 구부려 자세를 취한다.

7. 점프 샷 강화를 위한 근력 기르기

허벅지 근육을 단련한다

레그 컬

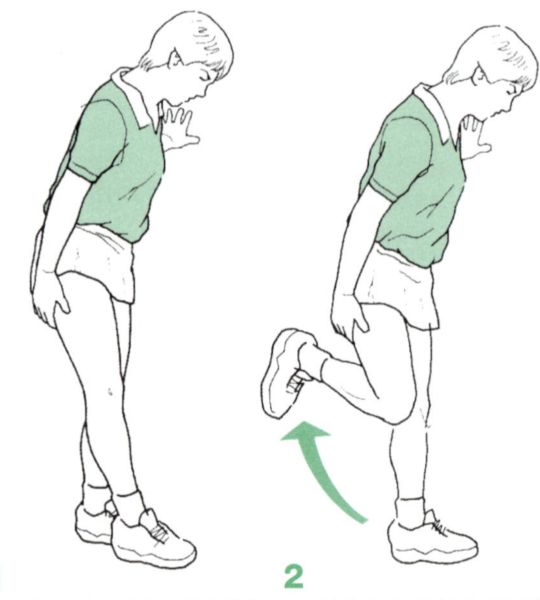

1

벽에 손을 대고 상체를 약간 굽힌 상태에서 바깥쪽 발을 조금 앞으로 내밀어서 허벅지에 손을 대고 선다.

2

그 자세에서 반동을 주지 않고 무릎 아래 부분을 천천히 들어올린다.

레그 익스텐션

1

벤치에 앉아서 양 손을 허벅지 옆에 대고, 양 발목은 다른 사람에게 잡도록 한다.

2

발목에 걸리는 체중을 들어올리듯이 양 발을 올린다.

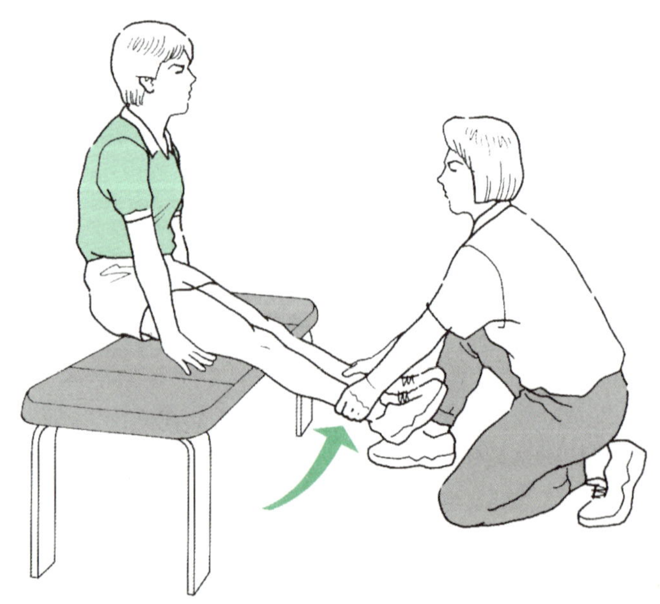

8. 트레이닝 메뉴

남자 A선수 · 경기 2주 전까지의 트레이닝 메뉴

MENU 1

벤치 프레스	바벨(막대만 사용)	12회
	바벨 40kg	10회
	바벨 50kg	8회
	바벨 55kg	12회
	바벨 40kg	12회
레그 컬	25kg	10회
	30kg	10회
	35kg	8회
	40kg	8회
	20kg	15회
복근(腹筋)	4버전×20회×3세트	
배근(背筋)	4버전×20회×3세트	
토 레이즈*	40회×2세트	
카프 레이즈*	60초×2세트	

※ 토 레이즈
  양 손을 머리 위에 대고 몸을 앞으로 기울이듯이 서서 그대로 발끝을 올린다. 웨이트를 사용할 때는 바벨을 양 어깨에 메고 실시한다.

※ 카프 레이즈
  양 손으로 아령을 들어 늘어뜨린 상태나, 바벨을 양 어깨에 멘 상태로 발을 벌리고 서서 양 발의 뒤꿈치를 올린다.

MENU 2

스쿼트	바벨 40kg	10회
	바벨 50kg	8회
	바벨 55kg	8회
	바벨 40kg	10회
복근(腹筋)	4버전×20회×3세트	
배근(背筋)	4버전×20회×3세트	
풀 다운*	바벨30kg	10회
	바벨35kg	10회
	바벨40kg	10회
	바벨30kg	10회
래터럴 레이즈	덤벨2kg 15회×3세트	
리스트 컬	덤벨5kg	30회
	덤벨6kg	30회
	덤벨7kg	30회

※ 풀 다운
  바벨을 머리 위로 올려 머리 뒤를 통과해 어깨까지 내린다. 이때 등을 굽히지 않도록 한다.

각 메뉴를 주1~2회, 교대로 실시한다.

스트레칭

경기에 필요한 근육을 사전에 잘 풀어 두는 것은 부상 방지나,
보다 완벽한 테크닉을 몸에 익히기 위해서 중요하다.
여기에서는 연습 전후에 실시하는 기본적인 스트레칭을 소개한다.
각각의 스트레칭이 어느 부위를 풀어 주는 데 도움이 되는지를 참고한다.

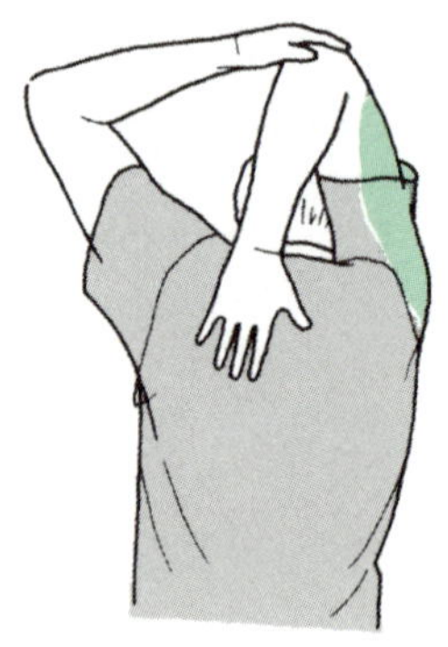

엘보 풀

한쪽 팔을 머리 위로 쭉 뻗어 올리고, 다른 팔로 팔꿈치를 쥔 채 그대로 아래쪽으로 천천히 끌어 준다. 기분이 좋을 정도로 펴졌다고 느껴지면 멈추고 그 상태를 잠시 유지한다.

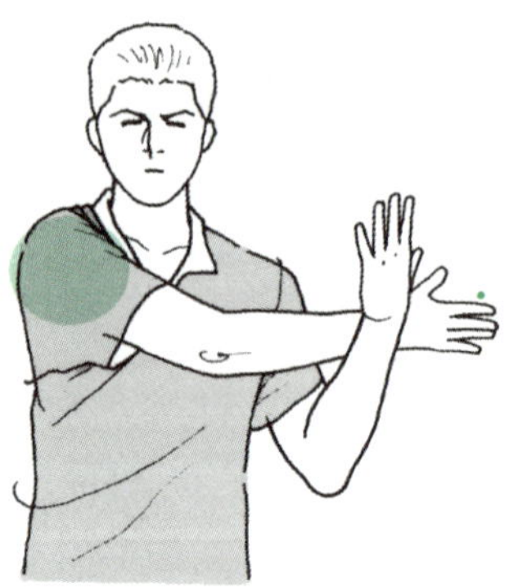

암 풀

한쪽 팔을 가슴 높이에서 앞으로 쭉 폈다가, 그대로 가슴 높이를 유지해서 옆으로 뻗는다. 다른 손으로 아래쪽에서 손목 부분을 누른다.

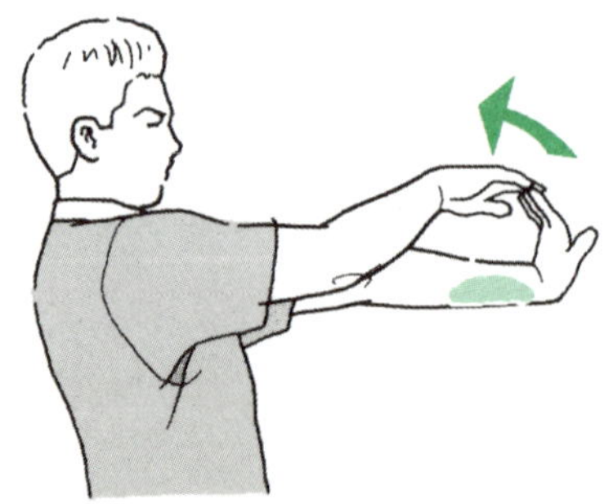

핑거 풀

손바닥이 아래쪽을 향하게 하여 어깨 높이에서 팔을 앞으로 펴고, 다른 한 손으로 손가락 끝을 몸 쪽으로 끌어당긴다.

스탠딩 싱글리치1

똑바로 선 상태에서 네트의 기둥에 발을 올리고 그대로 상체를 천천히 앞으로 숙인다.

스탠딩 싱글리치2

네트와 평행으로 서서 몸은 기둥의 측면을 향하게 하여 발을 올려 팔과 몸을 옆으로 구부린다.

앵클 스트레칭

한쪽 발을 넓게 앞으로 내디뎌 양 손을 무릎 위로 올리고, 발꿈치가 떨어지지 않도록 해서 체중을 전방으로 이동시킨다.

앵클 턴

복사뼈를 지면에 닿도록 발목을 바깥쪽으로 굽힌다.

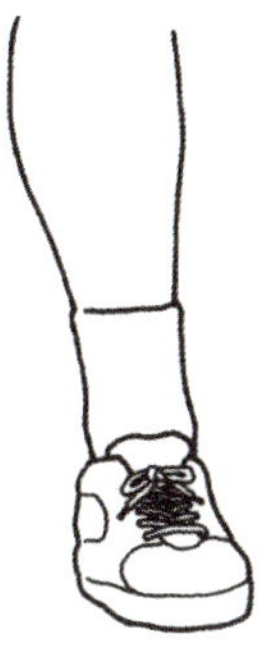
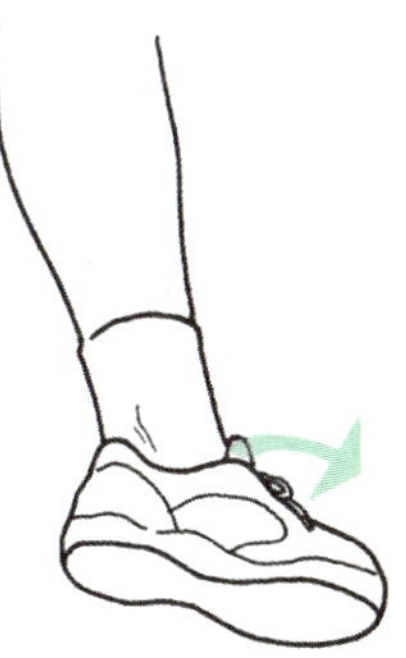

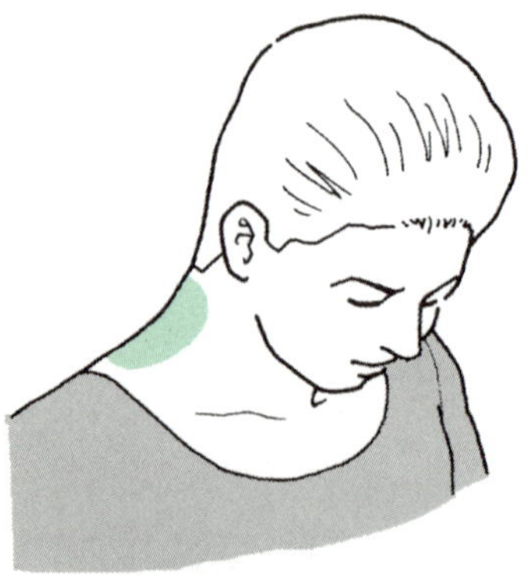

네크 스트레칭1

천천히 머리를 숙여 쫙 펴진 상태가
되면 원래의 위치로 옮겨 머리를 뒤
로 젖힌다.

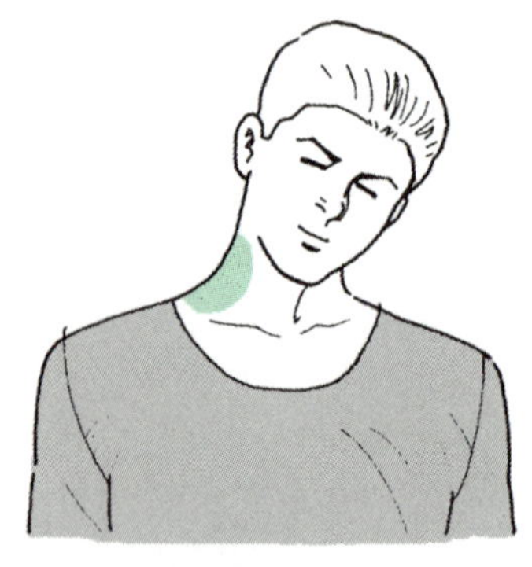

네크 스트레칭2

정면을 보고 쫙 펴진 상태라고 느끼
는 위치까지 머리를 옆으로 젖힌다.

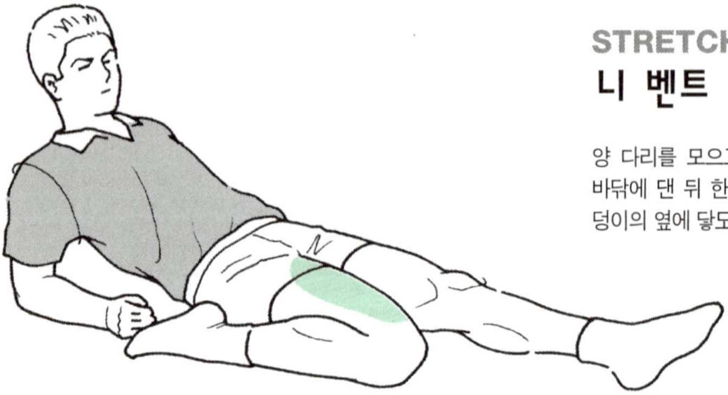

니 벤트 쿼드

양 다리를 모으고 앉아서 양 팔을
바닥에 댄 뒤 한쪽 발을 굽혀서 엉
덩이의 옆에 닿도록 한다.

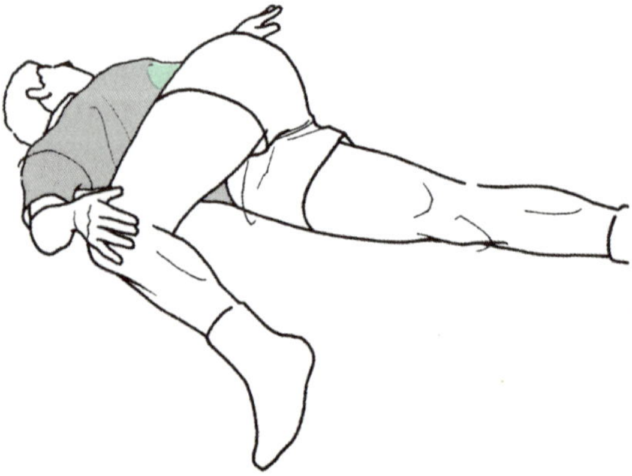

크로스 오버 레그

양 손을 벌리고 누워서 한 손을 반
대쪽 무릎의 바깥쪽에 대고 안쪽으
로 천천히 당긴다.

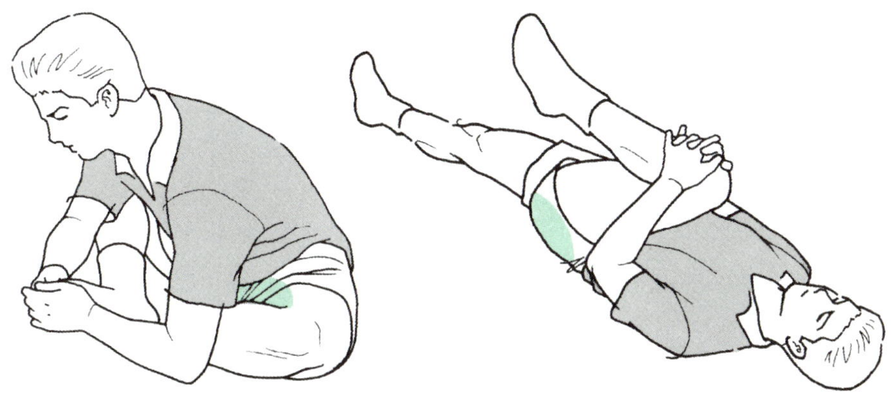

STRETCHING
니 스트래들

양 발바닥을 붙인 상태로 앉아서 무릎을 좌우로 벌리고 등이 굽어지지 않도록 주의하면서 상체를 천천히 앞으로 비스듬하게 숙여 양 팔꿈치를 지면에 닿도록 한다.

STRETCHING
니 투 체스트

하늘을 보고 누워서 한쪽 무릎을 세우고, 무릎 아래 부분을 양 손으로 잡고 가슴에 닿게 한다. 한 발씩 번갈아 진행한 후 양 발을 한꺼번에 실시한다.

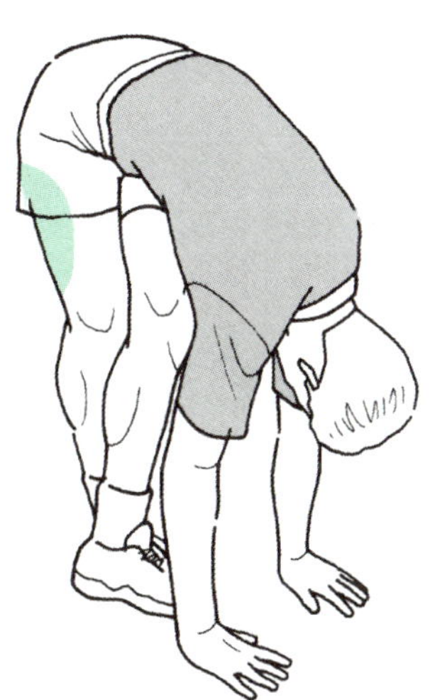

STRETCHING
토 터치

양 다리를 교차시켜 무릎을 쭉 편 상태에서 상체를 천천히 앞으로 구부린다. 계속해서 발을 벌리고 서서 오른손으로 왼발 끝, 왼손으로 오른발 끝 방향으로 상체를 굽힌다.

STRETCHING
오픈 스쿼트

어깨 넓이보다 양 발을 넓게 벌려서 천천히 허리를 낮춘 후 어깨를 교대로 내민다.

부상에 대한 대응

테니스뿐만 아니라 모든 스포츠에서 부상은 따르기 마련이다.
부상에 어떻게 대응할 것인가에 앞서 「부상을 어떻게 예방할 것인가」라는 문제가 더 중요한 데,
부상 예방의 첫번째 조건을 충분한 준비 운동과 정리 운동이다.
또, 부상으로 이어질 수 있는 나쁜 버릇을 고치는 것도 중요하다.
만약 부상을 당하게 되면, 부상이 악화되어 다음 경기에 영향을 주지 않도록 응급 처치를 익혀 두자.

1. 부상 예방

준비 운동과 정리 운동을 평소 연습 메뉴에 반드시 포함시킨다.

워밍업

정적인 스트레칭

움직임을 원활하게 하는 스트레칭/ 사이드 스텝, 뒤로 달리기, 단거리 대시

스피드를 향상시키는 스트레칭/ 미니 테니스(트레이닝 메뉴에서. p182 참조)

정리 운동

가벼운 조깅

정적인 스트레칭

2. 경기 중 수분 섭취

경기 중에는, 특히 여름에는 많은 수분을 섭취하도록 한다. 기본적으로는
어떠한 물도 좋지만, 단맛이 강한 음료는 갈증을 느끼게 하기 때문에 피하
도록 한다.
다량의 수분을 섭취하면 위벽이 약해지기 때문에, 식사로 기름기가 많은
음식(튀김, 포크 커틀릿 등)은 되도록 피한다.

3. 나쁜 버릇을 고친다

- **서비스에서의 리스트 워크는 오른쪽에서 왼쪽으로 움직인다.**

  아래에서 위로의 움직임은 손목을 다치기 쉽다.

- **백핸드의 폴로스루는 뒤쪽 발을 회전시킨다.**

  뒤쪽 발을 회전하지 않고 양 발이 지면에 닿아 있으면 허리에 부담을 준다.

- **필요 이상으로 강하게 조인 라켓은 사용하지 않는다.**

  딱딱한 라켓으로, 게다가 불안정한 상태에서 자주 볼을 가격하는 선수는 테니스 엘보*가 되기 쉽다.

  ※ 테니스 엘보(Tennis elbow)
  테니스 등이 원인으로 일어나는 팔꿈치의 통증 및 염증

4. 응급 처치

염좌   차게 한다(아이싱).

고정시킨다(테이핑, 타월 등).

삔 부분을 심장보다 높은 위치에 둔다(내출혈 방지).

경련   반대쪽으로 편다.

근육을 세게 잡아서 자극을 준다(주무르면 안 된다).

근육이 부드러워지면 가볍게 문질러서 근육의 긴장을 풀어준다

열사병   시원한 곳에 앉힌다.
(눕히면 경련을 일으킬 가능성이 있다)

몸을 차게 하고 수분을 공급한다(몸의 외부와 내부에서 동시에 체온을 낮춘다).

인간의 체액에 가까운 양분으로 구성된 건강 음료를, 5 : 5 정도의 비율로 물과 섞어서 마시게 한다(링거와 같은 효과가 있다).

영양 섭취

경기 중 스테미너를 지속시키기 위해서나, 각각의 테크닉에서의 움직임에 무리 없이 대응하기 위해서 평소 영양 관리에 주의하자. 여러 상황별로 어떠한 영양 섭취가 필요한가를 종합했다.
편식 등 일상 식생활에 비추어 골고루 영양을 섭취하도록 하자.

평상시 연습으로 인한 피로 회복

일상의 연습에서 오는 피로를 회복하기 위해서는 밥이나 국수류 등 탄수화물을 많이 섭취하는 것이 좋다. 탄수화물은 섭취하면 곧바로 에너지로 변하기 때문이다. 단, 탄수화물과 같은 당질은 섭취와 소비의 밸런스가 중요하고 에너지로써 소비하지 않으면 체내에서 지방으로 변해 버리기 때문에 섭취량에 주의한다.

웨이트 트레이닝으로 인한 체력 소모

웨이트 트레이닝에서 근육을 과도하게 이용한 후에는 고기, 생선, 콩 등의 단백질을 많이 섭취하면 좋다. 단백질은 근육이나 혈액 등을 만드는 역할을 하기 때문에 근력을 단련시키고 싶은 사람에게는 빼놓을 수 없는 영양소이다.

지방 체질인 사람

지방 체질인 사람은 몸을 만드는 영양소인 단백질 중에서도, 지방질이 적은 식물성 단백질을 많이 섭취하는 것이 좋다. 단백질로서의 영양가는 동물성에 비해서 뒤지지만, 체지방을 컨트롤하기에 적합하다. 특히, 두부 등의 콩으로 만든 가공 식품은 양질의 단백질원이다.

체지방이 적은 사람

체지방이 적은 사람은 평상시에도 고기, 생선 등 동물성 단백질을 많이 섭취하는 것이 좋다. 동물성 단백질을 영양가가 높고, 지방질도 많이 함유되어 있기 때문에 최적의 식품이라고 일컬어지지만, 콜레스테롤의 함량도 높기 때문에 너무 많이 섭취하지 않도록 주의한다. 생선에 포함된 지방질은 식물성에 가깝기 때문에 고기와 생선의 섭취 밸런스를 잘 조절하여 섭취하도록 하자.

근육을 강화하고 싶은 사람

근육을 강화하고 싶은 사람에게 필요한 영양소는 기본적으로는 살을 만드는 단백질이다. 특히, 동물성 단백질 중에서 소화 흡수가 좋은 쇠고기가 좋다. 칼슘이나 철분이 많은 식품을 섭취하는 것도 좋다.

긴장이 잘 되는 사람

조바심을 잘 내는 사람은 그만큼 마음을 안정시키는 일도 쉽지 않지만, 이러한 조바심은 칼슘 부족에서 오기 때문에 평소에 우유 등 칼슘이 많이 함유된 음식을 섭취하는 것이 좋다.
칼슘＋VD(일광에서 흡수)＋VE(땅콩류)는 체내 흡수가 좋다.

경기 일주일 전부터

경기를 위한 에너지를 비축하기 위해서, 서서히 단백질 섭취를 늘려 에너지원이 되는 글리코겐을 축적하는 것이 좋다.

경기 전 날

단백질이나 섬유질 등 몸을 구성하는 물질보다, 에너지화하기 쉬운 탄수화물을 섭취하는 것이 좋다.

경기 당일

경기 개시 1시간 전까지 탄수화물을 섭취하도록 한다. 탄수화물의 당질은 지방보다 연소가 빨라, 곧바로 에너지를 보충하고 싶을 경우에는 상당히 유효하다. 한국인의 경우 일반적으로 밥을 많이 먹지만, 정신 안정의 효능이 있는 보리나 면류, 빵 등도 좋다.

맺음말

보리스 베커가 윔블던에서 우승했던 85년부터 90년대 초반에 걸쳐 남자 테니스의 경우 승부를 결정짓는 데 있어서 서비스가 큰 비중을 차지했다. 하지만, 92년 안드레 아가시가 같은 대회에서 우승한 이후 리턴도 중요하게 대두되었다. 그 결과 97년 전반의 세계 랭킹에는 리턴과 스트로크가 강한 선수가 상위에 랭크되고 있다.

서비스를 포함한 강력한 샷은 인간의 한계 가까이까지 도달해 있고, 스피드도 포화 상태에 달했다. 이제부터는 힘에 의한 스피드만으로는 상대를 제압할 수 없게 될 것이고, 따라서 올라운드 플레이가 점점 많아지리라고 생각한다. 각 샷의 결정력은 향상되어 어떠한 상황에 처하더라도 정확한 플레이가 요구될 것이다. 즉, 현재의 톱 스핀 강타 일변도를 대신해서 기본적으로는 올라운드 플레이어가 늘어날 것이다. 현재보다 수준 높은 샷을 구사할 수 있고, 세심한 플레이 스타일의 선수가 앞으로도 상위로 올라설 것이다.

한편, 지금까지의 여자 테니스에서는 그라프나 셀레스의 플레이 스타일을 보면 일목 요연하게 알 수 있듯이 그라운드 스트로크 랠리가 주된 공격 수단이었다. 그러나, 힝기스의 대두가 보여주듯이 이제부터는 스트로크만으로는 이길 수 없게 됐다. 샷은 강타 일변도가 아니라 보다 다채롭게 구사되어, 네트 플레이의 중요성도 차츰 높아질 것이다. 따라서 그 다채로운 샷을 활용하는 전략이 게임의 운영 능력을 향상시킬 것으로 생각된다.

그라운드 스트로크의 경우에도 스피드 자체가 아닌 라이징으로 처리하는 경우도 지금보다 늘어나는 등 샷의 스피드화보다는 다양화가 진행될 것이다. 한마디로 힝기스의 테니스 스타일 그

자체이다. 유일하게 서비스만은 지금보다 스피드화될 가능성이 있다. 현재도 시속 200km에 가까운 서비스를 구사하는 선수가 존재하고 있고, 세컨드 서비스의 강화에 착수하기 시작한 선수도 많다.

또, 남녀 모두에게 기술적인 측면만이 아니라 정신적인 측면에서의 변화도 생각할 수 있다. 그것은 신체 능력, 근력, 조화력 등 신체의 토탈 코디네이션이 선수들에게 요구되고 있기 때문이다.

테니스는 남녀를 불문하고 선수로서의 수준 높은 테크닉을 갖추고 있지 않으면 결코 선수로서 살아 남을 수 없기 때문이다.

실전 테니스

2판 1쇄 | 2011년 4월 16일
발 행 인 | 김 인 태
발 행 처 | 삼호미디어
등   록 | 1993년 10월 12일 제21-494호
주   소 | 서울특별시 서초구 반포1동 718-8 ㉾ 137-809
          www.samhomedia.com
전   화 | (02)544-9456(영업국) / (02)544-9457(편집기획부)
팩   스 | (02)512-3593

ISBN 978-89-7849-437-3 13690

KOUSHIKI TENNIS
TEXT ⓒ KAORU MARUYAMA 1997
ILLUSTRATION ⓒ TERUSHIGE GONDOU 1997
Originally published in Japan in 1997 by IKEDA SHOTEN PUBLISHING CO., LTD.
Korean translation rights arranged through TOHAN CORPORATION, TOKYO
and SHIN WON AGENCY CO., Seoul.
Korean Translation Copyright ⓒ 1998 by SAMHO-MEDIA PUBLISHING CO.